この本の使い方 如何使用本书

①指さし…

話したい単語を話し相手に見せながら発音します。相手は文字と音で確認するので確実に通じます。

②言葉を組みあわせる

搭配精炼语言

２つの言葉を順番に指さしながら発音することで、文章を作ることができます。わかりやすいようにゆっくり指さしましょう。

③相手にも指さしてもらう

叫对方指着文字

相手にも「中国語」を見て指さしながら話してもらいます。あなたは日本語を読んで、その言葉の意味がわかります。

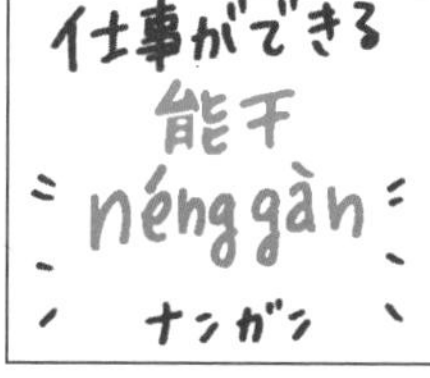

④自然と言葉を覚えられる

自然就学会语言

指さしながら発音し、相手の発音を聞く。これをくり返すうちに、だんだん言葉を覚えることができます。

⑤ビジネスがうまくいく

工作进展就会顺利

中国におけるビジネスで大切なのは、仕事の条件だけでなく、人と人とのつながりです。あなたの中国語で話そうとする熱意は、相手との距離を縮め、より良い関係作りにきっと役立ちます。中国ビジネスのコツは第２部、難しい言葉は巻末でフォローしています。

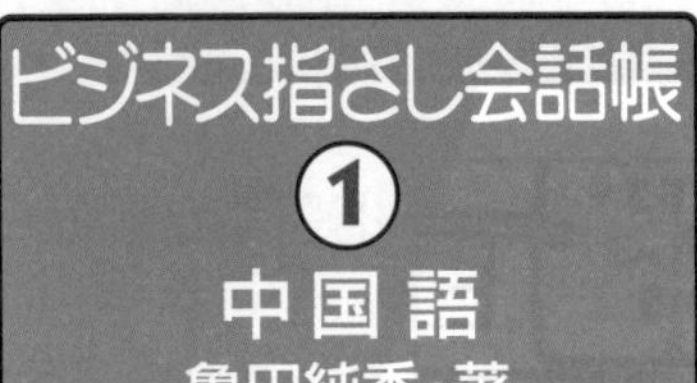

目次

この本のしくみ

第1部 指さして使う部分です

7ページから始まる第1部「本編」は会話の状況別に40に分けられています。指さして使うのはこの部分です。

イラストは実際の会話中に威力を発揮します

あわてている場面でもすぐに言葉が目に入る、会話相手も興味を持ってもらう、この2つの目的でイラストを入れてあります。

ビジネスアドバイスも満載

ビジネス慣習の違いに戸惑うことも、はじめのうちは多いものです。そんなときはページ上にあるビジネスアドバイスをぜひ参考にしてください。

見開きの左上に
各テーマごとのアドバイスを掲載しています

> 日本のようにしっかりスケジュール管理しようと無駄なことは思わないこと。中国には「チャイニーズタイム」があり、約束した時間はあってないようなもの。約束には余裕をもつのが手っ取り早い解決策。「目くじらたてて怒鳴る」ことはタブー。

初級編：日本語の読みガナで話す

単語には、中国の人の発音にできる限り近い読みガナをふりました。本を見せながら読んでみましょう。少しずつでも必ず発音はよくなっていきます。

你好!
nihao
ニィハオ

中上級編：ピンインで話す

会話だけでなく、メールなど文字の入力にもピンインは必須です。中国の人もまず小学校でピンインを習うように、基本を押さえることで徐々に本物の発音に近づきます。

你好!
nihao
ニィハオ

ページからページへ

関連した内容にすぐ飛べるように「→14」といった形でページ数が随所に入っています。会話をスムーズに続けるために、ぜひ活用してみてください。

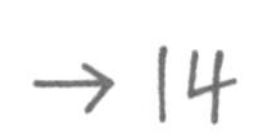

第2部 中国ビジネスのキモを知る

第2部では中国におけるビジネスコミュニケーションのコツを紹介しています。ビジネス慣習を理解して、より深いコミュニケーションに挑戦してみましょう。

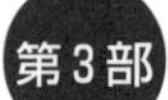

第3部 ビジネス中国語を2500語収録

言葉がさらに必要になったら単語集をどうぞ。ビジネスに必須の言葉を「日本語→中国語」で2500語以上収録しています。

裏表紙：書いて消せるメモ帳に

移動のさいなどに活用できます。水性ペンを使えば、何度でも書いて、消すことができるので、スケジュールのメモや筆談にも使えます。

この本の特長とヒント

この「指さし会話帳」シリーズは、語学が苦手でもぶっつけ本番で会話ができるという意図でつくられています。

これまでの「旅の指さし会話帳」シリーズには、「旅先で現地の人と本当にコミュニケーションがとれた」という喜びの声をハガキやメールなどで数多くいただきました。

その定評ある「指さし方式」をビジネス会話に採り入れたのが本書。

より正確な意思の疎通を必要とするビジネスシーンにおいて、本書は大きな力を発揮します。もしその場に通訳がいたとしても、その国の言葉で話そうとする熱意は、相手の心を動かすもの。出張や海外赴任で訪れた支社や営業所で現地スタッフと親交を深めたり、接待の場面で仕事以上の関係を築けたり……。では、どうすると本書をそんなふうに使えるのか、そのコツをいくつか紹介します。

①語学が苦手でも意思の疎通が簡単

急な出張や、突然の中国赴任の際は、その準備に追われて中国語の学習まではなかなか手がまわりません。さらに、学校での英語教育の影響か、「語学」というと単語の暗記や小難しい文法といった面倒なイメージが……。しかし本書を使えば持っていったその日から中国語を使い、確実に通じさせることができます。

②話し相手にも指をさしてもらえる

中国でのビジネスというと、「コネ」というイメージがいまだにつきまといます。しかし言い換えれば「人間関係」さえ押さえれば中国でのビジネスはスムーズにいくとも言えます。本書はこちらが聞いたことに中国の人が答える言葉や、ウケるフレーズも随所に用意してあります。良好な関係作りに役立ちます。

③全体を頭に入れておこう

この本は、空港、職場、取引先の会社、ホテルなど海外出張や海外赴任で遭遇しうる、様々な場面を想定して言葉を厳選しています。大事な商談の場面などでは、緊張して言葉がすぐには探せないもの。そんな時のためにも、どこにどんな言葉が載っているかをあらかじめ頭に入れておくと便利です。

④「旅の指さし会話帳」も一緒に使う

この本を見せると、中国の人がいろんなことを話しかけてくるはずです。そんなときに『旅の指さし会話帳』の中国シリーズを持っていれば、さらに幅広い話題を話せます。趣味の話題や家族関係など、仕事を超えた会話で親密な関係になれたなら、信頼できるビジネスパートナーになれるかもしれません。

ピンイン／声調早見表

第１部のフレーズ・単語には、中国語発音の補助としてすべてピンインを記載してあります。以下の表を参考に、「度胸」と「愛嬌」で思い切って発音してみましょう。くり返し発音することが上達への早道です。詳しくは第２部を参照してください。

母音（単母音）

a	「ア」より口を大きく思いきり開ける。	o	「オ」よりも唇を前に出して発音。
e	口を半開きで喉の奥から「ウ」。「エー」の唇の形で「ウー」と発音。	i	唇を左右にひっぱり「イー」と発音。
u	「ウ」より唇を丸くして、前に出して！	ü	口をすぼめ「i」を発音。「ユ＋イ」に近い！

＊この他に複合母音もありますが、基本の母音をマスターすれば難しい発音ではありません。

子音

b(o) ボォー	p(o) ポォー	m(o) モォー	f(o) フォー
d(e) ドゥー	t(e) トゥー	n(e) ナー	l(e) ラー
g(e) グウ	k(e) クゥ	h(e) ホゥ	
j(i) ジー	q(i) チー	x(i) シー	
zh(i) ヂイ	ch(i) チィ	sh(i) シイ	r(i) リイ
z(i) ヅウー	c(i) ツゥー	s(i) スゥー	

無気音（息をおさえて発音）・有気音（息を強く出して発音）

声調

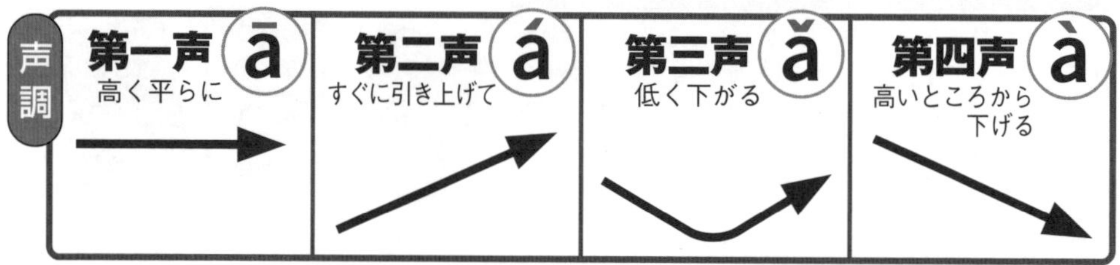

＊その他、短く軽く発音する「軽声」や変調もあります。

第1部

「ビジネス指さし会話帳」本編

商务中文用手指对话手册

中国
中国
zhōngguó
ヂョオングゥオ

出張
出差
chūchāi
チュチャイ

赴任
赴任
fùrèn
フゥレン

空港・出迎え 机场/接机(迎接)

jīchǎng / jiējī(yíngjiē) ジィチャン/ジエジィ(インジエ)

きょろきょろしていると変なタクシーにつかまります。そんな時は、毅然とした態度を示すこと。9ページの「出迎えがいます」というフレーズも効果的。同じ漢字の国ではあっても気をゆるめずに、目的地までは注意が必要です。さあ、いざ中国へ。

～はどこですか?
～在什么地方?
zài shénme dìfāng
ヅァイ シェンマ ディーファン

チェックイン・カウンター	喫煙所	インフォメーション	銀行
登记(服务)台 dēngjì(fúwù)tái ドォンジィ(フゥウー)タイ	吸烟处 xīyānchù シーイエンチュ 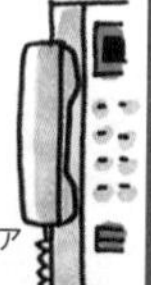	问讯处 wènxùnchù ウエンシュンチュ	银行 yínháng インハン 
トイレ ＊1 洗手间 xǐshǒujiān シーショウジェン	公衆電話 公用电话 gōngyòng diànhuà ゴンヨン ディエンホワァ	警察 警察 jǐngchá ジンチャア 	待合室 候机厅 hòujītīng ホウジィティン

この場所から～
从这里～
cóng zhèlǐ
ツォン ヂァーリィ

～へ曲がる 往～拐 wǎng~guǎi ワン～グアイ	
まっすぐ進む 直走 zhízǒu ヂィーヅオウ	
見える 能看到 néngkàndào ナンカンダオ	見えない 看不到 kànbúdào カンブゥダオ

前	前面	qiánmiàn	チエンミエン
左	左边	zuǒbiān	ヅォウビエン
現在地	现在位置	xiànzài wèizhì	シェンヅァイ ウェイヂィー
右	右边	yòubiān	ヨウビエン
後ろ	后面	hòumiàn	ホウミエン

ここですよ!
就在这儿!
jiù zài zhèr
ジィウ ヅァイ ヂャアー

＊1 大きな空港のトイレでは、トイレットペーパーも荷物をかけるフックも最近では用意されていますが、地方の空港やデパート等ではまだまだ紙持参が常識。一昔前の日本の駅の公衆トイレを思い描いておけば間違いなし。

空港・出迎え

国内線乗り継ぎ

次のフライト
下一个航班
xiàyīge hángbān
シィアイーグゥ　ハンバン

遅れる
晚点
wǎndiǎn
ワンディエン

キャンセル
取消
qǔxiāo
チュシャオ

定刻通り
准时
zhǔnshí
ヂュンシイ

～行きのチケット
前往～的机票
qiánwǎng ~ de jīpiào
チエンワン　～　ダジイピィヤオ

→支払いP.56

買いたい
想买
xiǎngmǎi
シャンマイ

なくしました
丢失了
diūshīle
ディウシイラ

何時発ですか？
几点出发？
jǐdiǎn chūfā
ジイディエンチュウファー

両替して下さい
请兑换
qǐng duìhuàn
チンドゥイホワン

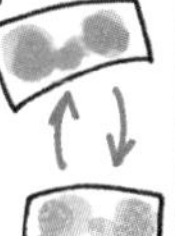

細かいお金を入れて下さい
请给我点零钱
qǐng gěiwǒdiǎn língqián
チン　ゲイウォディエン　リンチエン

くずして下さい
请换零钱
qǐng huànlíngqián
チンホワンリンチエン

出迎えの人がいます
有人会来接我的
yǒurén huìláijiēwǒde
ヨウレン　ホイライジィエウォダ

出迎えの人がいません
没有人来接我
méiyǒurén láijiēwǒ
メイヨウレンライジィエウォ

ようこそ中国へ
中国欢迎您！
zhōngguó huānyíngnín
ヂョオングゥオホワァンインニン

出迎えありがとうございます
非常感谢来接我
fēicháng gǎnxiè láijiēwǒ
フェイチャンガンシィエライジィエウォ

疲れた～
累死了！
lèisǐle
レイスゥーラ

元気です
有精神
yǒujīngshén
ヨウジンシェン

気持ちいい
舒服
shūfú
シュウフゥ

気持ち悪い
不舒服
bùshūfú
ブゥシュウフゥ

～に寄って
顺便到～
shùnbiàndào
シュンビエンダオ

～へ行きましょう！
到～去吧！
dào~qùba
ダオ～チュバ

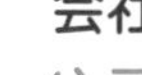

会社
公司
gōngsī
ゴンスゥー

営業所
营业所
yíngyèsuǒ
インイエスゥオ

取引先
客户
kèhù
クゥフゥ

ホテル
酒店／饭店
jiǔdiàn / fàndiàn
ジィウディエン/ファンディエン

通勤・移動 上下班/移动

shàngxiàbān / yídòng シャンシィアバン/イードォン

朝のラッシュの凄まじさは想像を絶しますが、地元の人は余裕。遅れることに罪悪感などないので、「どうせ遅れても会社だわ」と無責任発言が多く聞こえてくるわけです。また、バスの中で朝食(煎餅など)にがぶりついている女性も多数・・・。

どこへ行きたいですか？	〜へ行きたい
想去哪里？	我想去〜
xiǎngqù nǎlǐ	wǒ xiǎngqù
シャン チュー ナーリィ	ウォ シャンチュー

タクシー ＊1	地下鉄	バス	列車	徒歩
打的(出租汽车)	地铁	公共汽车	火车	走路
dǎdí(chūzūqìchē)	dìtiě	gōnggòng qìchē	huǒchē	zǒulù
ダーディ(チュヅゥチーチャア)	ディーティエ	ゴンゴンチーチャア	ホゥオチャア	ヅォウルウ

どう行くの？	〜会社	〜駅	切符売り場
怎么走？	〜公司	〜站	售票处
zěnmezǒu	gōngsī	zhàn	shòupiàochù
ゼンマヅォウ	ゴンスゥー	ヂャン	ショウピャオチュ

開発区	国際展示場	乗り場	バス停
开发区	国际展览会场	上车点	公共汽车站
kāifāqū	guójì zhǎnlǎn huìchǎng	shàngchēdiǎn	gōnggòng qìchēzhàn
カイファチュー	グゥオジィ ヂャンラン ホイチャン	シャンチャアディエン	ゴンゴンチーチャアヂャン

遠い	近い
远	近
yuǎn	jìn
ユエン	ジン

すぐ目の前ですよ！
就在眼前！
jiùzàiyǎnqián
ジィウヴァイイエンチエン

ここはどこですか？
这儿是什么地方？
zhèr shì shénme dìfang
ヂャアーシィ シェンマ ディーファン

＊1 タクシーの初乗り料金(地域によって異なる)は日本にくらべて断然安いので、駐在者の必需交通手段です。ただ地元の人は、公共バスで1元でいけるところにタクシーで8元かけて行くのはナンセンスだと思っています。

タクシー

通勤・移動

中国到着 オフィス 現場 ツール 訪問・交渉 接待 話題作り 暮らし その他

～へ行って下さい!
请到～!
qǐngdào
チンダオ

着いたら教えて下さい
到了就告诉我一声!
dàole jiù gàosùwǒ yīshēng
ダオラ ジィウ ガオスゥーウォ イーシェン

ここに行って下さい
请到这儿
qǐngdào zhèr
チンダオ ヂャアー

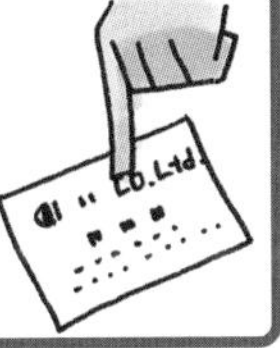

～に寄って下さい
请顺便到～
qǐng shùnbiàndào
チン シュンビエンダオ

～時(分)までに着きますか?
你看,到～点(分)前能不能到那儿?
nǐkàn,dào~diǎn(fēn)qián néngbùnéngdàonàr
ニイカン,ダオ～ディエン(フェン)チエンナンブゥナンダオナァ

急いで!
快点!
kuàidiǎn
クアイディエン

遅刻しちゃう!
我会迟到呢!
wǒhuì chídàone
ウォ ホイ チィダオナ!

乗る
上车
shàngchē
シャンチャー

降りる
下车
xiàchē
シィアチャー

領収書を下さい
请给我开发票
qǐnggěiwǒ kāifāpiào
チンゲイウォ カイファピャオ

道が違う
搞错路了
gǎocuòlùle
ガオツゥオルウラ

遠回りするな!
别绕道!
biéràodào
ビエラオダオ

おつり
找钱
zhǎoqián
ヂャオチエン

まだ着かない
还没到
háiméidào
ハイメイダオ

もうすぐ着く
快到了
kuàidàole
クアイダオラ

メーターを倒して下さい
请打计程表(计价表)
qǐng dǎ jìchéngbiǎo(jìjiàbiǎo)
チン ダージィチェンビャオ(ジィジィアビャオ)

渋滞	*1 事故	通行止め	安全運転
堵车 dǔchē ドゥーチャア	车祸 chēhuò チャアホゥオ 	禁止通行 jìnzhǐ tōngxíng ジンヂィトンシン	安全驾驶 ānquán jiàshǐ アンチュエン ジィアシィ
高速道路 高速公路 gāosù gōnglù ガオスーゴンルウ	**一方通行** 单行线 dānxíngxiàn ダンシンシエン	**危ない!** 危险! wēixiǎn ウェイシエン	**シートベルトしめて** 系好安全带 jìhǎo ānquándài ジィハオ アンチュエンダイ

*1 道路に人だかりができているようなら、それは十中八九ケンカか事故。好奇心旺盛なのか!?それともヒマなだけなのか?……やじ馬多数出没!

自己紹介 自我介绍

zìwǒjièshào ヅーウォジエシャオ

会食の場で席につくと日本人はすぐに名刺交換をしますが、中国人にはこの光景が摩訶不思議。友人が紹介する場合も名刺を出すのはまれ。食事をして親しくなり、友人関係や利害関係が生まれて初めて名刺を出して、「今度連絡して!」となる。

○○(会社名)△△部の○○です ＊1

○○公司△△部的,姓○○

gōngsī ゴンスゥー　bùde,xìng ブゥダ,シン

出張で
出差
chūchāi
チュチャイ

赴任で
赴任
fùrèn
フゥレン

総務人事	管理	設計
人事总务 rénshì zǒngwù レンシィヅォンウー	管理 guǎnlǐ グアンリィ	设计 shèjì シャジィ
企画 规划 guīhuà グイホワァ	購買 购买 / 采购 gòumǎi / cǎigòu ゴウマイ / ツァイゴウ	財務 财务 cáiwù ツァイウー

～から来ました
来自～
láizì
ライヅー

本社
本部 / 总公司
běnbù / zǒnggōngsī
ベンブゥ / ヅォンゴンスゥー

～支社
～分公司
fēngōngsī
フェンゴンスゥー

～工場
～工厂
gōngchǎng
ゴンチャン

日本
日本
rìběn
リーベン

北京
北京
běijīng
ベイジン

上海
上海
shànghǎi
シャンハイ

広州
广州
guǎngzhōu
グァンヂョオウ

～(日付)より	本日
从～(日期)起 cóng ~ (rìqī)qǐ ツォン～(リィチー)チー	今天 jīntiān ジンティエン
明日 明天 míngtiān ミンティエン	○月△日 →P.40 ○月△号 yuè hào ユエ ハオ

生産	設備	技術	営業
生产 shēngchǎn シェンチァン	设备 shèbèi シャベイ	技术 jìshù ジイシュー	销售 xiāoshòu シャオショウ

視察します
要考察
yàokǎochá
ヤオカオチャア

管理します
要管理
yàoguǎnlǐ
ヤオグアンリィ

＊1 自己紹介は明るく笑顔で。「どこの会社の誰さん」ではなく、「誰さんが担当するどこどこの会社」が中国的考え方なので、第一印象はとても大切。たとえば「山口百恵」の「山口」、「木村拓也」の「木村」など、中国でも名の知られている人物にかけて覚えてもらうのも一つの手。

自己紹介

よろしくご指導下さい
請多多指教
qǐng duōduō zhǐjiào
チン ドゥオドゥオ ヂィージヤオ

私の名刺 ＊1
我的名片
wǒde míngpiàn
ウォダ ミンピィエン

お噂はかねがね
久仰大名
jiǔyǎngdàmíng
ジウヤンダーミン

以前お会いしましたね
以前见过面
yǐqián jiànguòmiàn
イーチエン ジエングオミィエン

御社は私が担当します
由我来负责贵公司
yóuwǒ lǎifùzé guìgōngsī
ヨウウォライフウザァグイゴンスゥー

何かありましたら私に言って下さい
如有什么事,尽管找我
rúyǒu shénmeshì,jǐnguǎn zhǎowǒ
ルウヨウシェンマシィ,ジングアンヂャオウオ

上司
领导
lǐngdǎo
リンダオ

部下
部属／手下
bùshǔ / shǒuxià
ブゥシュー / ショウシィア

同僚
同事
tóngshì
トンシィ

僭越ながら紹介させて頂きます
请允许我介绍一下
qǐng yǔnxǔwǒ jièshào yīxià
チン ユンシューウオ ジエシャオ イーシィア

こちら～の△△です
这位是～的,是△△
zhèwèishì ~ de,shì~
ヂャーウエイシィ ～ ダ, シィ～

中国は初めてです
第一次来中国
dìyīcì láizhōngguó
ディーイー ツゥライヂョオングゥオ

～度目です
第～次
dì ~ cì
ディー ～ ツゥ

入社～年目です
→P.40
进公司后第～年
jìngōngsīhòu dì ~ nián
ジンゴンスゥーホウ ディー ～ ニィエン

どのくらい滞在しますか？
呆多久?
dāiduōjiǔ
ダイドゥオジィウ

～日	～週間	～ヶ月	～年
～天	～个星期	～个月	～年
tiān	gè xīngqī	gè yuè	nián
ティエン	グゥシンチー	グゥユエ	ニィエン

＊1中国では政府機関の役人は偉くなればなるほど、簡単には名刺を出さない。

挨拶・日常会話 问候/日常用语

wènhòu / rìcháng yòngyǔ ウェンホォウ/リーチャンヨンユゥ

「はじめまして」「お目にかかれて光栄です」は定番挨拶として紹介していますが、実際に使う場面はそうそうありません。一般的に初対面でも「ニーハオ」でOK。抱擁は何十年来の友人や、特別親しい間柄にだけで、たいていは軽い握手のみです。

问候/日常用语

おはようございます！	こんにちは *1（目上の人には）	こんばんは	お元気ですか？
早上好！	你好！（您好！）	晚上好！	你好吗？
zǎoshànghǎo	nǐhǎo (nínhǎo)	wǎnshànghǎo	nǐhǎoma
ザオシャンハオ	ニィハオ（ニンハオ）	ワンシャンハオ	ニイハオマ

おつかれさま	また明日！	気をつけて	～さんによろしく
辛苦了	明天见！	慢走！	向～问好！
xīnkǔle	míngtiānjiàn	mànzǒu	xiàng~wènhǎo
シンクゥラ	ミンティエンジィエン	マンゾォウ	シャン～ウェンハオ

忙しい？ →P.24	はい	いいえ	わけもなく忙しい
忙不忙？	忙！	不忙	瞎忙
mángbùmáng	máng	bùmáng	xiāmáng
マンブゥマン	マン	ブゥマン	シィアマン

ご飯食べた？	はい	まだです	ご馳走してくれるの?!
吃饭了吗？	已经吃过了	还没吃呢！	是不是您准备请我吃饭?!
chīfànlema	yǐjīng chīguòle	háiméichīne	shìbúshì nín zhǔnbèi qǐngwǒ chīfàn
チィファンラマ	イージン チィグゥオラ	ハイメイチィナ	シイブゥシィ ニン ヂュンベイ チンウォ チィファン

すみませんが・・・	お先に失礼します
请问	我先走了
qǐngwèn	wǒ xiānzǒule
チンウェン	ウォシィエンヅォウラ

ありがとうございます	おかげさまで	申し訳ない
谢谢您	托您的福	不好意思
xièxienín	tuōníndefú	bùhǎoyìsi
シィエシィエニン	トゥオニンダフゥ	ブゥハオイースゥー

どういたしまして	当然のことをしたまでです	かまいませんよ
不客气	应该做的事	没关系！
búkèqì	yīnggāizuòdeshì	méiguānxì
ブゥクゥチー	インガイヅゥオダシイ	メイグアンシー

*1 目上の人や職位が高い人に対してはカッコ内の敬語を用います。中国語は一般的に敬語はなく、相手が誰でも同じように話せると言われてもいますが、これは数少ない「敬語」の一つです。

はじめまして
初次见面
chūcì jiànmiàn
チュツゥ ジィエンミィエン

よろしくお願いします
请多多关照!
qǐng duōduōguānzhào
チン ドゥオドゥオグアンヂャオ

少々お待ち下さい
请稍微等一下
qǐng shāowēi děngyīxià
チン シャオウェイ ドォンイーシィア

戻りましたか?
回来了吗?
huíláilema
ホイライラマ

戻りました
回来了
huíláile
ホイライラ

お世話になります
麻烦您了
máfánnínle
マファンニンラ

お久しぶりです
好久不见了
hǎojiǔ bújiànle
ハオジィウブゥジィエンラ

お目にかかれて光栄です
见到您感到很荣幸
jiàndàonín gǎndào hěnróngxìng
ジェンダオニンガンダオヘンロンシン

あとでね
等会儿
děng huìr
ドォンホワアール

申し訳ございません
非常抱歉
fēicháng bàoqiàn
フェイチャンバオチエン

すみません
对不起
duìbùqǐ
ドゥイブゥチー

許して下さい
请原谅 ＊1
qǐngyuánliàng
チンユエンリャン

連絡をとりあいましょう!
保持联络吧!
bǎochí liánluòba
バオチィリエンルゥオバ

お返事を下さい
请给我答复
qǐng gěiwǒ dáfù
チンゲイウォダーフゥ

さようなら
再见
zàijiàn
ヴァイジィエン

道中お気をつけて
祝你一路平安
zhùnǐ yīlùpíng'ān
ヂュニィ イールウピンアン

また来て下さい
欢迎再来
huānyíng zàilái
ホワンインヴァイライ

きっとまた来ます
我一定会再来
wǒ yīdìnghuì zàilái
ウォイーディンホイヴァイライ

きっとまた会えるチャンスがある
后会有期!
hòuhuìyǒuqī
ホウホイヨウチー

お元気でね
保重!
bǎozhòng
バオヂョオン

＊1 「許して下さい」は基本的にあまり使いません。謝る場面が少ないのが中国。自分の非を認めることを「潔し」とはしないので、「すみません」が口癖の場合はとくに注意。いかにして自分のミスではないことを論理的に相手に納得させるかが、能力の見せ所。

出勤・待遇　上班/待遇

shàngbān / dàiyù シャンバン／ダイユゥ

ローカルスタッフがまず考えるのは、あなたと自分との関わり。あなたが自分の上司になるのか、会社組織に影響力のある人か？　もしも、あなたに人が寄ってこないようなら、まだ判断しかねているか、とりあえず静観か･･･。厳しい現実です。

今日はどんな気分？
今天你心情如何？
jīntiān nǐ xīnqíng rúhé
ジンティエン ニィ シンチン ルウホゥー

とても	少し
非常 fēicháng フェイチャン	一点儿 yīdiǎnr イーディアル

緊張	不安	リラックス
紧张 jǐnzhāng ジンヂャン	不安 bù'ān ブゥアン	轻松 qīngsōng チンソン

シフトは何ですか？
你上什么班？
nǐshàng shénmebān
ニィシャン シェンマバン

日勤	夜勤	当直
白班 báibān バイバン	夜班 yèbān イエバン	值班 zhíbān ヂィーバン

早番	遅番	勤務交代	休み
早班 zǎobān ザオバン	中班（晚班） zhōngbān (wǎnbān) ヂョオンバン（ワンバン）	三班倒 sānbāndǎo サンバンダオ	休息（不上班） xiūxī (búshàngbān) シュウシー（ブゥシャンバン）

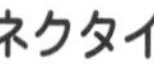
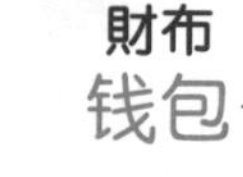

携帯電話 手机 shǒujī ショウジイ

ネクタイ 领带 lǐngdài リンダイ

スーツ 西装 xīzhuāng シーヂュアン

IDカード ID卡 IDkǎ アイディーカー

外国人居留証[*1] 外国人居留证 wàiguórén jūliúzhèng ワイグゥオレン ジィウリュウヂェン

ビジネス手帳 商务笔记本 shāngwù bǐjìběn シャンウービィジィベン

パスポート 护照 hùzhào フゥーヂャオ

電子辞書 电子辞典 diànzǐ cídiǎn ヂィエンヅゥー ツゥーディエン

財布 钱包 qiánbāo チエンバオ

仕事で大切なことは？
作为工作，什么是最重要的呢？
zuòwéi gōngzuò shénmeshì zuìzhòngyàodene
ヅゥオウェイゴンヅゥオ シェンマシィ ヅゥイヂョオンヤオダナ

報告 报告 bàogào バオガオ

連絡 联络 liánluò リエンルゥオ

相談 商量 shāngliàng シャンリャン

＊1 中国で就業するには「就業証」や滞在するための「外国人居留証」が必要です。会社の書類等も準備して現地の公安局に申請します。

出勤・待遇

～は持っていますか？ 有没有～ yǒuméiyǒu ヨウメイヨウ	

就業規則	社員証
就业章程 jiùyè zhāngchéng ジィウイエヂャンチェン	工作牌 gōngzuòpái ゴンヅゥオパイ   

説明します
说明一下
shuōmíngyíxià
ショウミンイーシィア

早退	遅刻	欠勤
早退 zǎotuì ザオトゥイ	迟到 chídào チィダオ 	缺勤 quēqín チュエチン 

待遇	条件	福利厚生	保険加入
待遇 dàiyù ダイユゥ	条件 tiáojiàn ティアオジエン	福利 fúlì フゥリィ	买保险 mǎi bǎoxiǎn マイ バオシエン

毎月○日が給料日
每个月○号发工资
měigèyue ~ hào fāgōngzī
メイグゥユエ ～ ハオ ファゴンヅゥー

昇給	減給
加薪 jiāxīn ジィアシン	减薪 jiǎnxīn ジィエンシン 

～を含む ＊1	基本給	着任手当	残業代
包括～ bāokuò バオクゥオ	基本工资(底薪) jīběn gōngzī(dǐxīn) ジイベン ゴンヅゥー (ディーシン)	安家费 ānjiā fèi アンジィアフェイ	加班费 jiābān fèi ジィアバンフェイ 

歩合給	年金	ボーナス	○○手当
提成 tíchéng ティーチェン	养老金 yǎnglǎojīn ヤンラオジィン	奖金 jiǎngjīn ジャンジィン 	○○补贴 bǔtiē ブゥティエ

超エリート	ホワイトカラー	出稼ぎ労働者	工場労働者
金领 jīnlǐng ジィンリン 	白领 báilǐng バイリン 	民工 míngōng ミンゴン	工人 gōngrén ゴンレン 

＊1 中国人スタッフにとって、待遇面は給料の額面と同等に関心の高いところ。多少給料が安くても待遇条件で就職先を決めることも多々ある。よって同じ地域の他企業の待遇を把握しておくことも大事。そうすれば、スタッフの流動意識もだいたい掴めるはず。

備品の支給 发给备品

fāgěi bèipǐn ファーゲイ　ベイピン

中国では「公」「私」の区別が非常にあいまいです。雨の日などは社用車が奥さんの買い物の足と化しますが、備品も同様で「大丈夫、会社には腐るほどあるから」…。「公私」の概念を教育するには根気と時間、そして「相手の理解」が不可欠です。

～はありますか？
有没有～?
yǒuméiyǒu
ヨウメイヨウ

ある	ない	まだない
有	没有	还没有
yǒu	méiyǒu	háiméiyǒu
ヨウ	メイヨウ	ハイメイヨウ

制服	作業靴	ロッカー	デスク
制服	工作鞋	(更衣室)衣柜	办公桌
zhìfú	gōngzuòxié	(gēngyīshì) yīguì	bàngōngzhuō
ヂィーフゥ	ゴンヅゥオシィエ	(ゲンイーシィ)イーグゥイ	バンゴンヂョウオ

名刺 ＊1	食券	IDカード	事務用品
名片	餐券	身份证/ID卡	办公用品
míngpiàn	cānquàn	shēnfènzhèng / IDkǎ	bàngōng yòngpǐn
ミンピィエン	ツァンチュエン	シェンフェンヂェン/アイディーカー	バンゴンヨンピン

大きい
大
dà
ダー

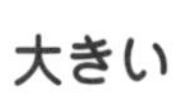

小さい
小
xiǎo
シィヤオ

多い
多
duō
ドゥオ

少ない
少
shǎo
シャオ

足りる
足够
zúgòu
ヅゥゴォウ

足りない
不够
búgòu
ブゥゴォウ

きれい
干净
gānjìng
ガンジン

汚い
脏
zāng
ヅァン

受取のサインを下さい
请你签收一下
qǐngnǐ qiānshōuyīxià
チンニィ　チェンショウイーシィア

～を取り替えて下さい
更换～
gēnghuàn
ゲンホアン

＊1 最近は名刺もかなり個性的なものが増えてきました。スローガンを裏面いっぱいに記載したもの、中国チックに山水や楼閣を背景にしたもの…。レストランなどのレジ前にあるような薄い紙質のものですと、誰にでも配っている名刺だとわかり、価値が低いものです。

～がなくなりました	～がほしい	～はどこですか？
～没有了 méiyǒule メイヨウラ	要～ yào ヤオ	～在什么地方？ zài shénme dìfāng ヅァイ シェンマ ディーファン

備品の支給

新しい 新的 xīnde シンダ 古い 旧的 jiùde ジィウダ	ファイル 文件夹 wénjiànjiā ウェンジィエンジィア	ノート 笔记本 bǐjìběn ビイジィベン	ボールペン 圆珠笔 yuánzhūbǐ ユエンヂュウビィ
蛍光ペン 荧光笔 yíngguāngbǐ イングアンビィ	マーカー 万能笔 wànnéngbǐ ワンナンビィ	ホッチキス 钉书器 dìngshūqì ディンシュウチー	セロテープ 透明胶 tòumíngjiāo トォウミンジャオ
修正液 涂改液 túgǎiyè トゥガイイエ	ゼムクリップ 回形针 huíxíngzhēn ホイシンヂェン	パンチ 打孔机 dǎkǒngjī ダーコンジィ	封筒 信封 xìnfēng シンフォン
電池 电池 diànchí ディエンチィ	クリアケース 文件保护套/L型夹 wénjiàn bǎohùtào / Lxíngjiā ウェンジィエンバオフゥータオ/エルシンジィア	社印 公司印章 gōngsī yìnzhāng ゴンスゥーインヂャン	タイムカード 考勤卡 kǎoqínkǎ カオチンカー

勝手に使わないで！＊1	使いやすい	使いづらい
不准擅自使用！ bùzhǔn shànzì shǐyòng ブゥヂュン シャンヅーシィヨン	好用 hǎoyòng ハオヨン	不好用 bùhǎoyòng ブゥハオヨン

会社の備品	私物	持ち出し禁止
公司备品 gōngsī bèipǐn ゴンスゥーベイピン	私人物品 sīrén wùpǐn スゥーレンウーピン	禁止带出去 jìnzhǐ dàichūqù ジィンヂィーダイチュウチュー

＊1 「自分のもの」「他人のもの」の区別もあいまいです。基本的には机の上のものは勝手に使われても仕方ないとあきらめて下さい。「勝手に使わないで」なんて反論したら、「大事なものなら机の中にしまったらよかったのに」と助言され、よけいカチンときます……。

依頼する・尋ねる 委托/询问

wěituō / xúnwèn ウェイトゥオ/シュンウェン

仕事を依頼する際にはこと細かに指示を。たとえば「コピーをとったら、同じ順番にそれぞれ揃えて、ホチキスで左上を1箇所ずつとめて」とまで指示するつもりでなければ、どのような形で差し出されても文句は言えませんよ！

委托/询问

～して下さい	～の仕方を教えて下さい	棚卸しをする
请～ qǐng チン	请告诉我如何～ qǐnggàosùwǒ rúhé チンガオスーウォ ルウホゥー	盘点 pán diǎn パン ディエン

コピーをとる	FAXを送る	手紙を出す	見積もりを出す
复印 fùyìn フウイン	发传真 fāchuánzhēn ファーチュアンヂェン	寄信 jìxìn ジイシン	报价 bàojià バオジィア

電話をかける	翻訳する	パソコンで打つ	みんなに配る
打电话 dǎdiànhuà ダーディエンホワァ	翻译 fānyì ファンイー	(用电脑)打字 (yòng diànnǎo) dǎzì (ヨンディエンナオ)ダーヅゥー	发给大家 fāgěi dàjiā ファーゲイダージィア

これを	～枚	～セット	全部	ここだけ
把这个 bǎ zhège バーヂェイグゥ	～张 zhāng ヂャン	～套 tào タオ	全部 quánbù チュエンブゥ	只要这儿 zhǐyào zhèr ヂィーヤオ ヂャアー

いつまで？＊1	今すぐ	今日中	急ぎで
什么时候要？ shénmeshíhòu yào シェンマシィホウヤオ	立刻 lìkè リイクゥ	今天之内 jīntiān zhīnèi ジンティエンヂィーネイ	紧急 jǐnjí ジンジィ

～時まで →P.56	間に合う	間に合わない
到～点为止 dào ~ diǎn wéizhǐ ダオ ～ ディエンウェイヂィー	来得及 láidejí ライダージィ	来不及 láibùjí ライブゥジイ

終わったら……

私に原本を返して	あなたが保管して
把原件还给我 bǎyuánjiàn huángěiwǒ バーユエンジェン ホアンゲイウオ	由你来保管 yóunǐláibǎoguǎn ヨウニィライバオグアン
捨てて 把它扔掉 bǎtā rēngdiào バーターレンディヤオ	**私の机に置いて** 放在我桌上 fàngzài wǒzhuōshàng ファンヅァイウオヂョウシャン

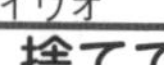

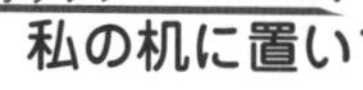

＊1「いついつまでに必要」と、依頼したことは必ず期限を区切りましょう。そうでなければ、下手をしたら1年でも2年でもほっとかれるかもしれませんよ！ 何といっても4000年の歴史を有する国ですから…。

私宛の〜はありますか？
有没有我的〜
yǒuméiyǒu wǒde
ヨウメイヨウ ウオダー *1

ある	ない
有！	没有
yǒu	méiyǒu
ヨウ	メイヨウ

コピー	FAX	メッセージ	メール
复印件	传真	留言	邮件
fùyìnjiàn	chuánzhēn	liúyán	yōujiàn
フウインジィエン	チュアンヂェン	リュウイエン	ヨウジィエン

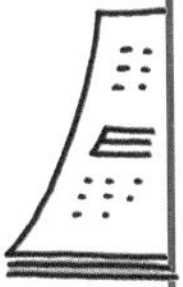

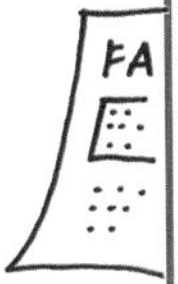

書類	EMS／DHL	小包	サンプル
文件	快递／快件	包裹	样品
wénjiàn	kuàidì / kuàijiàn	bāoguǒ	yàngpǐn
ウェンジィエン	クアイディー／クアイジィエン	バオグゥオ	ヤンピン

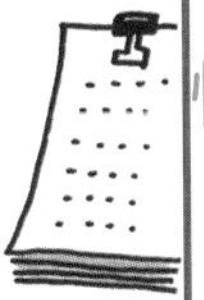

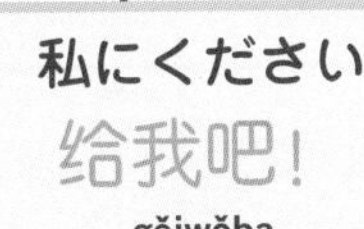

私にください
给我吧！
gěiwǒba
ゲイウォバァ

持ってきて
请拿来
qǐngnálái
チンナーライ

君が使って
你来用吧！
nǐláiyòngba
ニィライヨンバァ

調べて
请调查一下
qǐng diàochá yīxià
チン ディアオチャーイーシィア

確認して
请确认一下
qǐng quèrèn yīxià
チン チュエレンイーシィア

聞いてみて
请打听一下
qǐng dǎtīng yīxià
チン ダーティンイーシィア

書いて
请写下来
qǐng xiěxiàlái
チン シィエシィアライ

→パソコン P.42

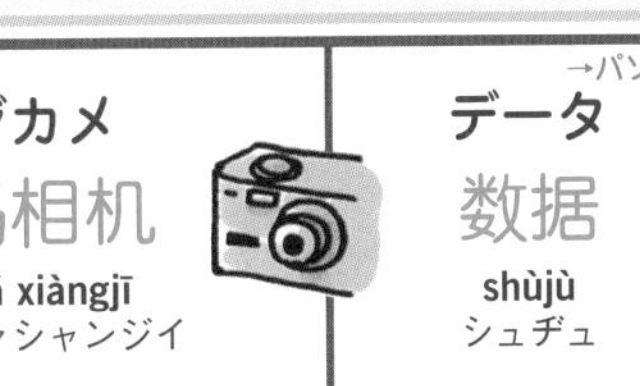

デジカメ	データ
数码相机	数据
shùmǎ xiàngjī	shùjù
シューマァシャンジイ	シュヂュ

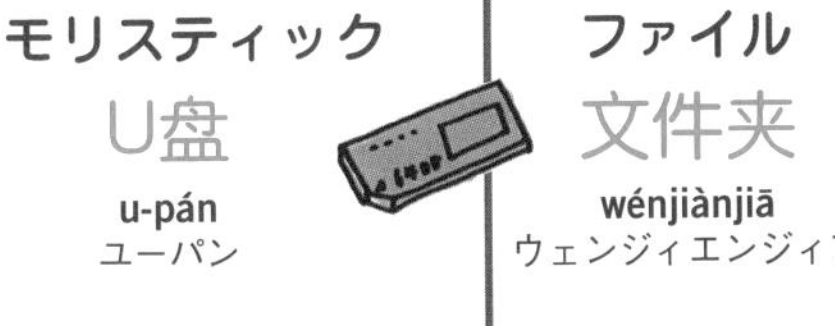

メモリスティック	ファイル
U盘	文件夹
u-pán	wénjiànjiā
ユーパン	ウェンジィエンジィア

CD-R	レポート
CD-R光盘	报告
CD-R guāngpán	bàogào
シィーディーアールグアンパン	バオガオ

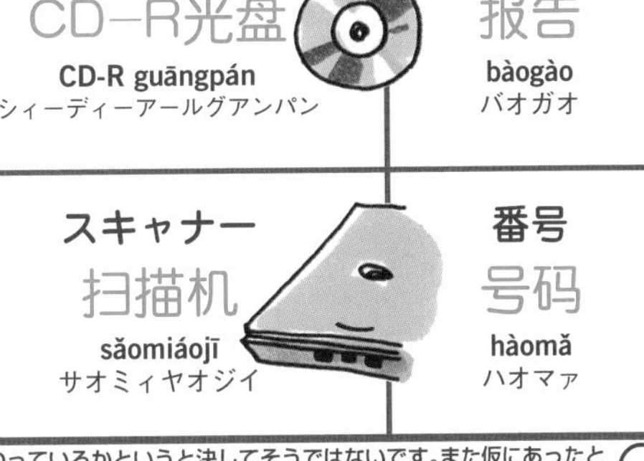

スキャナー	番号
扫描机	号码
sǎomiáojī	hàomǎ
サオミィヤオジイ	ハオマァ

*1 日本のように、不在時に届いた自分宛のものがきちんと机の上にのっているかというと決してそうではないです。また仮にあったとしても、再度自分から積極的に聞いてみることも必要です。忘れられているモノもありますよ！

アクシデント・フォロー 意外事件/落实

yìwài shìjiàn / luòshí イーワイシィジィエン/ルゥオシィ

アクシデントがなければ中国ではない！　というのはオーバーかもしれませんが、まず、アクシデントが起こりうることを想定しておいて間違いなし。アクシデントが何もなく、順調にいくほうが、逆にこわいくらいだという気持ちで！

～は終わりましたか？
～已经做完了吗？
yǐjīng zuòwánlema
イージン ヅゥオワンラマ

頼んだこと	あなたの仕事
我委托你的事	你的工作
wǒ wěituō nǐdeshì	nǐdegōngzuò
ウオ　ウェイトゥオニィダーシィ	ニィダゴンヅゥオ

終わりました	終わってません
做好了	还没做完
zuòhǎole	háiméizuòwán
ヅゥオハオラ	ハイメイヅゥオワン

私1人ではとても終わりませんよ！
我一个人哪做得完！
wǒyīgèrén nǎzuòdewán
ウォイーグゥレン ナーヅゥオダワン

あと少しです	まだ始めていません	もっと時間をください
差不多！	还没开始做呢	再多点时间给我
chàbùduō	háiméi kāishǐzuòne	zài duōdiǎnshíjiān gěiwǒ
チャアブゥドゥオ	ハイメイ カイシィヅゥオナ	ヅァイ ドゥディエンシイジィエン ゲイウオ

どうして終わらないの？
为什么做不完呢？
wèi shénme zuòbùwánne
ウェイ シェンマ ヅゥオブゥワンナ

～が動かない	～が壊れた
～不动	～坏了
búdòng	huàile
ブゥドン	ホアイラ

FAX	コピー機	パソコン→P.42	プリンター
传真机	复印机	电脑	打印机
chuánzhēnjī	fùyìnjī	diànnǎo	dǎyìnjī
チュアンヂェンジイ	フウインジイ	ディエンナオ	ダーインジイ

～は必要ですか？
需不需要～
xūbùxūyào
シューブゥシューヤオ

必要	不要
需要	不需要
xūyào	bùxūyào
シューヤオ	ブウシューヤオ

取り替える	メーカーに連絡	修理
更换	跟厂家联络	维修
gēnghuàn	gēn chǎngjiā liánluò	wéixiū
ゲンホァン	ゲン チャンジィア リェンルゥオ	ウェイシュウー

＊1 計画を立てる際にはアクシデントを考慮し、どう対処するのかを頭にいれ、余裕をもったスケジューリングを！　極端に言うとコピー機などが壊れても、即修理できるかはわからないので、二重、三重の備えを頭に入れておきましょう。

問題は解決しましたか？
问题解决了吗？
wèntí jiějuélema
ウェンティー ジィエジュエラマ

した
解决了
jiějuéle
ジィエジュエラ

していない
还没解决
háiméijiějué
ハイメイジィエジュエ

いつまでかかるの？
什么时候才能弄好呢？
shénmeshíhòu cáinéng nònghǎone
シェンマシィホウ ツァイナン ノンハオナ

直る
修好
xiūhǎo
シュウハオ

直らない
修不好
xiūbùhǎo
シュウブゥハオ

だいたい（推量）
估计
gūjì
グゥジイ

約
约
yuē
ユエ

～時間（分）
→P.40
～个小时（分钟）
gè xiǎoshí (fēnzhōng)
グゥ シャオシイ（フェンヂョオン）

なぜ？
为什么？
wèishénme
ウェイシェンマ

原因は何？
什么原因？
shénme yuányīn
シェンマ ユエンイン

どうしよう！
怎么办！
zěnmebàn
ゼンマバン

～を話してみて
把～说给我听
ba ~ shuōgěiwǒ tīng
バー ～ ショウゲイウオ ティン

経過
经过
jīngguò
ジィングゥオ

プロセス
过程
guòchéng
グゥオチェン

状況
情况
qíngkuàng
チンクアン

始めから終わりまで
从头到尾
cóngtóu dàowěi
ツォントォウ ダオウェイ

どうしたの？君らしくない
你到底怎么了？
nǐ dàodǐ zěnmele
ニィ ダオディー ゼンマラ

これくらい何でもないでしょ！
这算不了什么！
zhè suànbùliǎo shénme
ヂャースゥアン ブゥリャオ シェンマ

最後までやる
做到底
zuòdàodǐ
ヅゥオダオディー

よく見て！
仔细看！
zǐxì kàn
ヅゥーシー カン

理解しがたい
难以理解
nányǐlǐjiě
ナンイーリィジィエ

君にはもう言ったはずだよ！
我不是告诉过你了吗！
wǒ búshì gàosùguònǐlema
ウォ ブゥシー ガオスウグゥオニラマ

納得がいきませんね
想不通
xiǎngbùtōng
シャンブゥトン

もう言わないでよ！
不要再说了！
búyào zàishuōle
ブゥヤオ ヅァイショオウラ

励ます・ほめる 鼓励/表扬

gŭlì / biăoyáng グゥリイ / ビャオヤン

中国人が「面子」を重んじるのは有名ですが、仕事に慣れてくるとあながち忘れてしまうもの。どんなに相手に非があろうと、間違っても「人前」でどなったりしてはいけません。逆にほめるときはみなに分かるようにほめてあげることが大切です。

何か困っていること(悩み)はありますか?
有什么困难(烦恼)吗?
yŏushénme kùnnán (fánnăo) ma
ヨウシェンマ クンナン (ファンナオ)マ

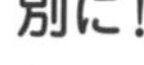

別に!
没什么!
méishénme
メイシェンマ

あると思うわけ?
你说呢!
nĭshuōne
ニイショウオナ

仕事大変でしょう!
工作是不是很辛苦!
gōngzuò shìbúshì hěnxīnkŭ
ゴンヅゥオ シイブゥシイ ヘンシンクゥ

気にしないで
别放在心上
biéfàngzài xīnshàng
ビエファンヅァイシンシャン

大丈夫だよ!
不要紧!
búyàojĭn
ブゥヤオジン

仕方ないです
没办法
méibànfă
メイバンファ

世の中ままならないこともあるさ!
人在江湖,身不由己
rénzàijiānghú,shēnbùyóujĭ
レンヅァイジャンフゥ,シェンブゥヨウジィ

全て君にかかっている!頼むよ!
一切全靠你了!
yīqiè quánkàonĭle
イーチエ チュエンカオニィラ

自信200%のときは……

まかせて!
包在我身上
bāozài wŏshēnshàng
バオヅァイウォシェンシャン

些細な頼み事に対してユーモラスに

しかと心得ました!
在下遵命!
zàixià zūnmìng
ヅァイシィアヅゥンミン

自信はあるけど相手への含みを持たせて

やってみましょう!
我试试看!
wŏ shìshìkàn
ウォシィシィカン

あまり乗り気ではないとき

私に言わないで~!
别找我!
biézhăowŏ
ビエヂャオウォ

まったく乗り気ではないとき……

ダメダメ!ムリムリ!
不行! 我没这本事!
bùxíng ! wŏméi zhèběnshì
ブゥシン!ウォメイヂャーベンシィ

＊中国人幹部の前であまり部下をほめすぎるのも考えもの。中国人幹部は自分の地位が脅かされると誤解し、警戒しはじめます。ほめるときも時と場所、対象をしっかり考えてから。単純にほめれば良いとも限りません。さじ加減も重要なポイントです。

彼/彼女は〜	あなたは〜	仕事ができる	仕事が早い
他/她	你/您	能干	做事真快!
tā	nǐ / nín	nénggàn	zuòshìzhēnkuài
ター	ニィ/ニン	ナンガン	ヅゥオシィヂェンクアイ

→性格P.82

目が高い	かしこい!	人柄がよい	人情味がある
眼光好	真聪明!	人品好	有人情味
yǎnguānghǎo	zhēn cōngmíng	rénpǐn hǎo	yǒu rénqíngwèi
イエングアンハオ	ヂェンツォンミン	レンピンハオ	ヨウレンチンウェイ

君の好きにしていいよ!
随便你怎么做!
suíbiànnǐzěnmezuò
スイビエンニィゼンマヅゥオ

これくらい君なら朝飯前でしょ!
这么小的事不会难倒你了吧!
zhèmexiǎodeshì búhuì nándǎonǐleba
ヂャーマシャオダシィ　ブゥホイナンダオニィラバ!

親しい間柄での頼み事

頼むよ!
帮帮忙好吧!
bāngbāngmáng hǎoba
バンバンマン ハオバ

↓

お願いします!
拜托!拜托!
bàituō bàituō
バイトゥオ バイトゥオ

↓

君しか頼りはいない
我只能靠你了
wǒ zhǐnéng kàonǐle
ウォ ヂィーナンカオニィラ

↓

助けると思ってお願い!
我求你了
wǒ qiúnǐle
ウォ チィウニィラ

すぐに結論を出したくないとき ＊1

その時になってからにしよう	様子をみよう!
到时候再说吧!	看情况吧!
dàoshíhòu zàishuōba	kànqíngkuàngba
ダオシィホウ ヅァイショゥオバ	カンチンクアンバ

相手の言い分・行動が度を超えている

ひどい
好过分!
hǎoguòfèn
ハオグゥオフェン

お話にならない!
太不象话了!
tàibúxiànghuàle
タイブゥシャンホワァラ

(君は)残忍だ!
你好毒!
nǐ hǎodú
ニィ ハオドゥ

どう感謝していいか分からない!
我不知怎么感谢你才好!
wǒ bùzhī zěnme gǎnxièní cáihǎo
ウォ ブゥヂィ ゼンマ ガンシィエニィ ツァイハオ

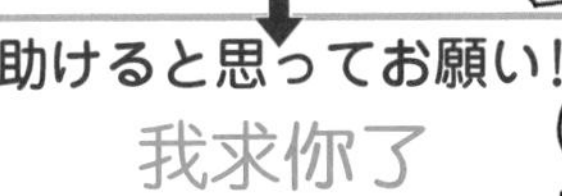

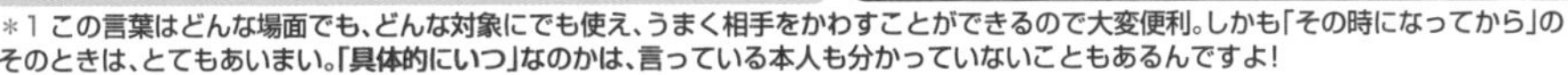

＊1 この言葉はどんな場面でも、どんな対象にでも使え、うまく相手をかわすことができるので大変便利。しかも「その時になってから」のそのときは、とてもあいまい。「具体的にいつ」なのかは、言っている本人も分かっていないこともあるんですよ!

ミーティング 开会

kāihuì カイホイ

何か大きなことを決めたり、関係部門との調整をしたりといった会議の場合、実は事前にネゴがされており、形式だけの場合が多々あります。「面子」を重んじる中国ですから、人前で「NO」を出される場面を避けようという心理が影響しています。

～をします	打ち合わせ	朝礼
召开～ zhāo kāi ヂャオカイ	碰头会 pèngtóuhuì ポォントォウホイ	早会 zǎohuì ザオホイ

定例会	会議	説明会	報告会
例会 lìhuì リィホイ	会议 huìyì ホイイー	说明会 shuōmínghuì ショゥオミンホイ	报告会 bàogàohuì バオガオホイ

～をお願いします	会場の予約	時間の変更
请～ qǐng チン	预订会场 yùdìng huìchǎng ユゥディンホイチャン	更改时间 gēnggǎi shíjiān ゲンガイシィジィエン

場所の確認	出欠をとる	議事録の作成
确认场地 quèrèn chǎngdì チュエレンチャンディー	点名 diǎnmíng ディエンミン	做议事记录 zuò yìshì jìlù ヅゥオ イーシィジイルゥ

通知する	資料の配布	人数の調整
通知 tōngzhī トンヂィー	发资料 fā zīliào ファーヅゥリャオ	调整人数 tiáozhěng rénshù ティヤオヂェンレンシュー

参加者リストの作成	申し込み
做参加人员名单 zuò cānjiā rényuán míngdān ヅゥオ ツァンジィア レンユエン ミンダン	报名 bàomíng バオミン

遅れる	中抜け	席を立つ	無断で
迟到 chídào チィダオ	中途溜走 zhōngtú liūzǒu ヂョオントゥリュウヅォウ	离开座位 líkāi zuòwèi リイカイヅゥオウェイ	擅自 shànzì シャンヅゥー

＊ 中国のお役所も日本に負けずに会議好き。とくに午前中に会議を組むことが多いです。

→P.40

～時からですか？	～時です	もう始まっています
从～点开始?	～点钟	已经开始了
cóng ~ diǎn kāishǐ	diǎn zhōng	yǐjīng kāishǐle
ツォン ～ ディエンカイシイ	ディエンヂョオン	イージンカイシィラ

～に連絡して下さい	はい	すでに連絡済みです
请跟～联系	好的!	已经联系好了
qǐnggēn ~ liánxì	hǎode	yǐjīng liánxì hǎole
チンゲン ～ リエンシー	ハオダ	イージン リエンシー ハオラ

関係者	各担当	日本人管理クラス	ローカルスタッフ
有关人员	各担当	日本人管理层	当地员工
yǒuguānrényuán	gè dāndāng	rìběnrén guǎnlǐcéng	dāngdì yuángōng
ヨウグアンレンユエン	グゥダンダン	リーベンレングアンリィツォン	ダンディユエンゴン

テーマは何ですか？	～です	何の討論ですか？
主题是什么?	就是关于～	讨论什么?
zhǔtí shì shénme	jiùshì guānyú	tǎolùn shénme
チュウティ シィ シェンマ	ジィウシイグアンユゥ	タオルンシェンマ

生産計画	クレーム	営業成績	販売状況
生产计划	投诉	销售业绩	销售情况
shēngchǎn jìhuà	tóusù	xiāoshòu yèjì	xiāoshòu qíngkuàng
シェンチャンジィホワァ	トォウスゥー	シャオショウイエジィ	シャオショウチンクアン

環境保護	商品不良	認定/認証	市場開拓
环保	产品不良	认定/认证	市场开发
huánbǎo	chǎnpǐn bùliáng	rèndìng / rènzhèng	shìchǎng kāifā
ホアンバオ	チャンピンブゥリャン	レンディン / レンヂェン	シィチャンカイファ

良い	悪い	達成	未達成
好	不好	完成	没完成
hǎo	bùhǎo	wánchéng	méiwánchéng
ハオ	ブゥハオ	ワンチェン	メイワンチェン

賛成	反対	会議が終わる
同意	反对	会议结束了(散会)
tóngyì	fǎnduì	huìyì jiéshùle (sànhuì)
トンイー	ファンドゥイ	ホイイージィエシューラ(サンホイ)

工場にて 在工厂

zài gōngchǎng ヴァイゴンチャン

工場では、些細なミスが人災を招くことがあり、管理者としても気を抜けないのですが、安全意識も規則遵守の意識も驚くほど低いのが中国。規則違反を見つけたら、見て見ぬふりをせず、随時対処していくことが大切です。

順調ですか？	順調です	不調です
顺利吗?	很顺利	不顺利
shùnlìma	hěnshùnlì	búshùnlì
シュンリィマ	ヘンシュンリィ	ブゥシュンリィ

納品	生産	ライン	検査
交货	生产	生产线	检查
jiāohuò	shēngchǎn	shēngchǎnxiàn	jiǎnchá
ジャオホゥオ	シェンチャン	シェンチャンシエン	ジィエンチャア

大きな	重大な
大的	严重的
dàde	yánzhòngde
ダーダ	イェンヂョオンダ
小さな	たくさんの
小的	很多
xiǎode	hěnduō
シャオダ	ヘンドゥオ

～問題があります
有～问题
yǒu ~ wèntí
ヨウ ～ ウェンティ

～を守る	ルール	約束
遵守～	规则	约定
zūnshǒu	guīzé	yuēdìng
ヴゥンショウ	グイザァ	ユエディン

審議する
审核
shěnhé
シェンフウー

承認する
批准
pīzhǔn
ピーヂュン

違反	罰金 ＊1
违反	罚款
wéifǎn	fákuǎn
ウェイファン	ファクアン

上司の許可を得た上で
在领导的批准下
zài lǐngdǎode pīzhǔnxià
ヴァイ リンダオダ ピーヂュンシィア

＊1 罰金制で、違反したり、クレームをつけられたりしたら、お給料から差し引いていく…というスタイルを起用している企業もあるようです。どのような形式で違反を防ぐかも管理マネージメントの腕の見せ所。

工場にて

原因は何ですか？	原因は～です	調査中	不明
有什么原因?	原因是～	正在调查中	不清楚
yǒushénme yuányīn	yuányīnshì	zhèngzài diàocházhōng	bùqīngchǔ
ヨウシェンマ ユエンイン	ユエンインシィ	ヂェンヅァイ ディヤオチャアヂョオン	ブゥチンチュ

機械故障	生産遅れ	設備不良	人為的ミス
机器出毛病	生产任务没完成	设备不良	人为的失误
jīqì chūmáobìng	shēngchǎn rènwù mei wánchéng	shèbèi bùliáng	rénwéide shīwù
ジィチーチュマオビン	シェンチャンレンウーメイワンチェン	シャーベイブゥリャン	レンウェイダ シイウー

責任者は誰ですか？
负责人是谁?
fùzérénshìshuí
フゥザァレンシィシュエイ

責任者を呼びなさい！
叫负责人来！
jiào fùzérén lái !
ジヤオフゥザァレンライ

事務所に	休憩所に
到办公室	到休息处
dào bàngōngshì	dào xiūxīchù
ダオバンゴンシィ	ダオシュウシーチュ

ここに	喫煙ルームに
到这儿	到吸烟室
dào zhèr	dào xīyānshì
ダオヂャアー	ダオシーイエンシィ

工場長	補佐	職長	通訳
厂长	助理	车间主任	翻译
chǎngzhǎng	zhùlǐ	chējiān zhǔrèn	fānyì
チャンヂャン	ヂューリィ	チャージィエンヂュウレン	ファンイー

5S ＊1

整理	整理	zhěnglǐ チェンリィ
整頓	整顿	zhěngdùn チェンドゥン
清掃	清扫	qīngsǎo チンサオ
清潔	清洁	qīngjié チンジィエ
しつけ	素养 / 修养	sùyǎng スゥーヤン / xiūyǎng シュウヤン

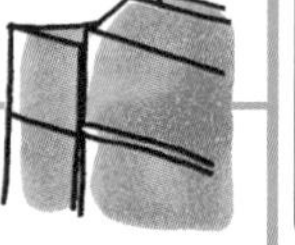

→人材育成 P.30

する	しない
做	不做
zuò	búzuò
ヅゥオ	ブゥヅゥオ

できる	できない
办得到	办不到
bàndedào	bànbúdào
バンダダオ	バンブゥダオ

したいと思う	したいと思わない
愿意	不愿意
yuànyì	búyuànyì
ユエンイー	ブゥユエンイー

＊1　5Sはかなり定着しています。しかも「しつけ」はそのまま日本語を生かして「SHITSUKE」として使用している企業もあります。また、この5Sに「安全」をたして6Sを推奨しているところもあります。ただ、現実はなかなか遵守されておりませんが……。

現場視察　现场考察

xiànchǎngkǎochá　シェンチャンカオチャア

事前に予告してから視察に行くと、正門には「熱烈歓迎～先生」というドハデな垂れ幕が。しかも現場はきちんと整理整頓され、誘導者がつき、休憩所ではお茶つき……ということも。視察によって実状を知るのは、なかなか難しいことでしょう。

あれ（これ）は何ですか？
那（这）是什么？
nà(zhè)shìshénme
ナー（ヂャー）シイシェンマ？

スローガン　口号　kǒuhào　コウハオ

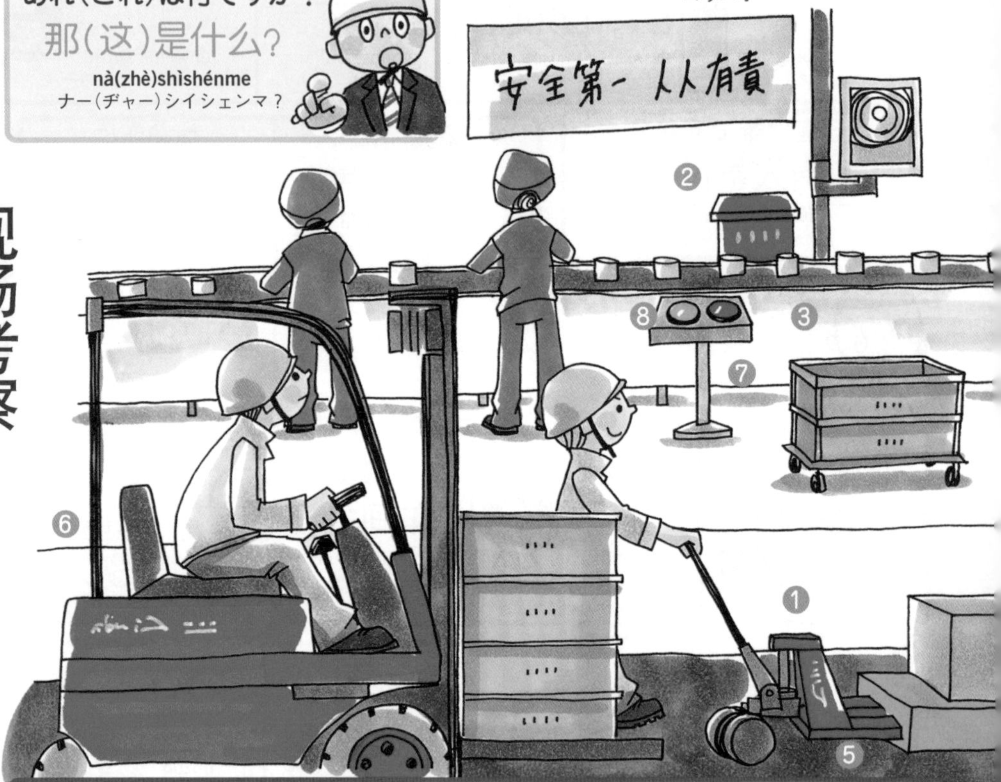

安全第一 人人有責

① 台車	② 消火器	③ ベルトコンベアー	④ エリアセンサー
台车 táichē タイチャー	灭火器 mièhuǒqì ミエホゥオチー	传送带 chuánsòngdài チュアンソォンダイ	(区域)感应器/传感器 (qūyù)gǎnyìngqì/chuángǎnqì (チュユゥー)ガンインチー/チュアンガンチー
⑤ 安全通路	⑥ 構内車	⑦ 操作盤	⑧ スイッチ
安全通道 ānquántōngdào アンチュエントォンダオ	厂车 chǎngchē チャンチャー	操作盘 cāozuòpán ツァオヅゥオパン	开关 kāiguān カイグアン
⑨ 非常口	⑩ 見学ルート	～工程	事務所
紧急出口 jǐnjíchūkǒu ジンジイチューコウ	参观路线 cānguānlùxiàn ツァングアンルウシエン	～工序 gōngxù ～ゴンシュー	办公室 bàngōngshì バンゴンシイ

*1 たいていの工場は、視察者と従業員とでは帽子の色が違います。一目で視察者（従業員ではない）と分かるようになっています。

現場視察

何をしているのですか？
干什么？
gànshénme
ガンシェンマ？

搬入	搬出	運搬
搬入	搬出	搬运
bānrù	bānchū	bānyùn
バンルウ	バンチュー	バンユン

わからないので聞いてみます
不知道，问一下
bùzhīdào,wènyīxià
ブゥディーダオ、ウェンイーシィア

倉庫	作業場
仓库	车间
cāngkù	chējiān
ツァンクゥ	チャージエン
食堂	休憩所
食堂	休息室
shítáng	xiūxīshì
シイタン	シューシーシイ

各直何名ですか？
每个班有几个人？
měigèbānyǒujǐgèrén
メイグゥバンヨウジイグゥレン

稼働率は？	○%です
运转率是多少？	是百分之○
yùnzhuǎnlǜshìduōshǎo	shìbǎifēnzhī
ユンチュアンリュイシイドォウシャオ	シイバイフェンヂィー

この機械は～です
这个机器是～
zhègejīqīshì
チャーグゥジイチーシイ

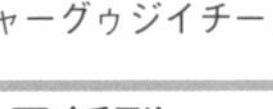

最新型	中古品
最新式	二手货
zuìxīnshì	èrshǒuhuò
ヅゥイシンシイ	アールショウホゥオ
国産 ＊2	日本製
国内制造（国产）	日本制造
guónèizhìzào(guóchǎn)	rìběnzhìzào
グゥオネイヂィーザァオ（グゥオチャン）	リーベンヂィーザァオ

生産状況は？
生产情况如何？
shēngchǎnqíngkuàngrúhé
シェンチャンチングアンルウホゥー

良い
很好
hěnhǎo
ヘンハオ

あまり良くない	話にならないヨ！
不怎么好	别提了！
bùzěnmehǎo	biétíle
ブゥゼンマハオ	ビエティーラ

＊2 もちろんここでは中国産の意味。

採用・人材育成　录用/培养人才

lùyòng / péiyǎngréncái ルウヨン / ペイヤンレンツァイ

奥深すぎる人間性に要注意。履歴書の言葉は半分まゆつば。「日本語堪能」「留学経験あり」と言いつつ、片言の日本語を話し「最近使っていないのでさびれてしまいました」…。予測のつかない常識破りの求職者たち。面接する側も見極めが肝心!

录用/培养人才

採用

～を○人採用したい
想录用○个人为～
xiǎnglùyòng ~ gèrénwéi
シャンルゥヨン ～ グゥレンウェイ

通訳
翻译
fānyì
ファンイー

秘書
秘书
mìshū
ミィシュウ

工場労働者
工人
gōngrén
ゴンレン

エンジニア
工程师
gōngchéngshī
ゴンチェンシイ

システムエンジニア
系统工程师
xìtǒng gōngchéngshī
シートォンゴンチェンシイ

アシスタント
助理
zhùlǐ
ヂュウリィ

契約は○年です
签○年的合同
qiān ~ niándehétóng
チエン ～ ニエンダホゥトォン

アルバイト
钟点工
zhōngdiǎngōng
ヂョォンディエンゴン

契約社員
合同工
hétónggōng
ホゥトォンゴン

正社員
正式职员
zhèngshìzhíyuán
ヂェンシイヂィーユエン

募集広告
招聘广告
zhāopìnguǎnggào
ヂャオピングアンガオ

ネットで告知
网上通知
wǎngshàngtōngzhī
ワンシャントォンヂィー

手配をお願いします
请你安排一下
qǐngnǐ'ānpáiyīxià
チンニイアンパイイーシィア

人材育成

～してはいけません
别(不要)～
bié(búyào)
ビエ(ブゥヤオ)

遅刻
迟到
chídào
チィダオ

無断欠勤
擅自缺席
shànzìquēxí
シャンヅゥーチュエシー

ひいき
偏心
piānxīn
ピエンシン

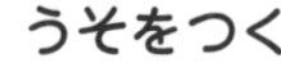

うそをつく
撒谎
sāhuǎng
サァホワァン

横流しをする
倒卖
dǎomài
ダオマイ

コミッション(賄賂)をもらう
拿回扣
náhuíkòu
ナーホイコォウ

いじめ
欺负
qīfù
チーフゥ

告げ口
告状/打小报告
gàozhuàng/dǎxiǎobàogào
ガオヂュアン/
ダァーシャオバオガオ

セクハラ
性骚扰
xìngsāorǎo
シンサオラオ

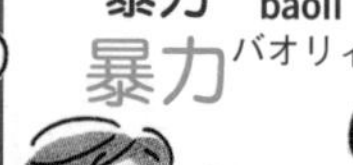

暴力
暴力
bàolì
バオリィ

＊自己中心的な考えの人が多い。必ず「自分は大変優秀なのに、上司がわかってくれないので、評価されない。だから転職」…。優秀な人材なら、わからないわけがないのでは!? 履歴書や学歴をことのほか重視せず、面接官は自分の眼と経験からくる「勘」を信じること!

あなたの職位は何ですか？
你是什么职位?
nǐshìshénmezhíwèi
ニイシイシェンマヂィーウェイ

社長
老总/老板
lǎozǒng/lǎobǎn
ラオゾォン/ラオバン

部長
经理
jīnglǐ
ジンリィ

課長
科长
kēzhǎng
クゥヂャン

主管長
主管长
zhǔguǎnzhǎng
ヂュウグアンヂャン

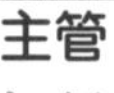

主管
主管
zhǔguǎn
ヂュウグアン

総班長/総組長
总领班
zǒnglǐngbān
ゾォンリンバン

班長/組長
领班
lǐngbān
リンバン

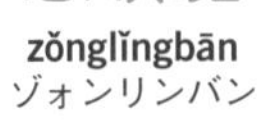

ベテラン社員	新入社員
老员工	新员工
lǎoyuángōng	xīnyuángōng
ラオユエンゴン	シンユエンゴン

昇格	降格
升级	降级
shēngjí	jiàngjí
シェンジイ	ジアンジイ

上司	部下
领导	部下/属下
lǐngdǎo	bùxià / shǔxià
リンダオ	ブゥシィア / シュウシィア

個人的関係	会社の関係
个人关系/私人关系	公司关系
gèrénguānxì / sīrénguānxì	gōngsīguānxì
グゥレングアンシー/スゥーレングアンシー	ゴンスゥーグアンシー

公平な	公明正大な
公平	光明正大
gōngpíng	guāngmíngzhèngdà
ゴンピン	グアンミンヂェンダー

不公平な	（事柄が）不透明な
不公平	不清楚
bùgōngpíng	bùqīngchǔ
ブゥゴンピン	ブゥチンチュ

態度	行動
态度	行动
tàidù	xíngdòng
タイドゥ	シンドォン

～が良いです	～は悪いです
～(是)好	～(是)不好
(shì) hǎo	(shì) bùhǎo
（シイ）ハオ	（シイ）ブゥハオ

＊1 円満な人間関係を築く
搞好人际关系
gǎohǎorénjìguānxì
ガオハオレンジイグアンシー

お互いに理解しあう
互相理解一下
hùxiānglǐjiěyīxià
フゥーシャンリィージィエイーシィア

和をもって尊しとなす
和为贵
héwéiguì
フゥーウェイグゥイ

＊中国は優秀な人材ほど転職回数が多い傾向。ただし、採用しても再度転職するのでは…というリスクもある。　＊1 中国ビジネスの極意が、この言葉に凝縮されているといっても過言ではありません。この人間関係を築けるか否かが中国ビジネス成功のカギをにぎります。

職場研修 公司培训

gōngsī péixùn ゴンスゥーペイシュン

中国では、もし他人が自分同様の技能あるいは知識を取得すれば、自分の地位が危うくなると考えます。ですから、研修ではほどほどに支障のない程度に教えます。教わる側もそれをわかっているので、ほどほどに学ぼうとするというわけです。

～に参加して下さい
请参加～
qǐng cānjiā
チンツァンジィア

OJT
在职培训
zàizhí péixùn
ヅァイヂィーペイシュン

新人研修
新员工培训
xīnyuángōng péixùn
シンユエンゴンペイシュン

会社説明会
公司说明会
gōngsī shuōmínghuì
ゴンスゥーショウミンホイ

教えて
请教一下
qǐng jiāoyīxià
チン ジィヤオイーシィア

学んで
请学习(一下)
qǐng xuéxí (yīxià)
チン シュエシー(イーシィア)

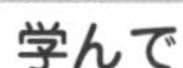

指導して
请指导(一下)
qǐng zhǐdǎo (yīxià)
チン ヂィーダオ(イーシィア)

説明して
请解释(一下)
qǐng jiěshì (yīxià)
チン ジィエシィ(イーシィア)

消防訓練
消防训练
xiāofáng xùnliàn
シャオファンシュンリエン

電子黒板
电子(复印)白板
diànzǐ (fùyìn) báibǎn
ディエンヅー(フウイン)バイバン

始めに我が社の企業方針を紹介する
首先介绍我们公司的企业方针
shǒuxiān jièshào wǒmen gōngsīde qǐyè fāngzhēn
ショウシエン ジィエシャオ ウォメンゴンスゥーダ チーイエ ファンヂェン

マイク
麦克风
màikèfēng
マイクゥフォン

講師
讲师
jiǎngshī
ジィヤンシィ

ポインター
指针
zhǐzhēn
ヂィーヂェン

黒ペン
黑笔
hēibǐ
ヘイビィ

テキスト
教材
jiàocái
ジャオツァイ

プロジェクター
投影机
tóuyǐngjī
トゥオインジィ

オーディオデッキ
音响设备
yīnxiǎng shèbèi
インシャン シャベイ

まじめに!	しっかりと!	できるだけ
认真点!	好好儿地!	尽量
rènzhēndiǎn	hāohǎor de	jìnliàng
レンヂェンディエン	ハオハオーダ	ジンリャン

＊1 ガムをかんだり、物を食べながら講義を受けることに抵抗がないようです。なので研修前に受講のルールを明確にさせておくことが必要。「当然分かっているだろう」と心でおさめず、ぜひ言葉にして下さい。決して分かっていないことが分かります。

～するな！（しないで！） ＊1
不要～（请不要～）
búyào (qǐng búyào)
ブゥヤオ（チンブゥヤオ）

たばこをすう	無駄話をする	ぼーっとする	居眠りをする
抽烟	闲聊	开小差	打盹儿/瞌睡
chōuyān	xiánliáo	kāixiǎochāi	dǎdǔnr / kēshuì
チュオウイエン	シェンリャオ	カイシャオチャイ	ダードゥアル／クゥシュイ

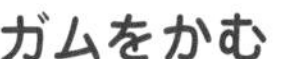

つばを吐く	あくびをする	携帯電話をかける ＊2	ガムをかむ
吐痰	打哈欠	打手机	嚼口香糖
tǔtán	dǎ hāqiàn	dǎ shǒujī	jiáo kǒuxiāngtáng
トゥータン	ダー ハーチェン	ダー ショウジィ	ジャオ コウシャンタン

職場研修

～して下さい	参考にする	討論する	検討する
请～	参考	讨论	研究
qǐng	cānkǎo	tǎolùn	yánjiū
チン	ツァンカオ	タオルン	イエンジィウ

発表する	質問する	答える	ノートをとる
发表	提问	回答	作笔记
fābiǎo	tíwèn	huídá	zuò bǐjì
ファビャオ	ティーウェン	ホイダァ	ヅゥオ ビィジイ

企業理念	企業精神	社訓
企业理念	企业精神	公司信条
qǐyè lǐniàn	qǐyè jīngshén	gōngsī xìntiáo
チーイエ リィニエン	チーイエ ジンシェン	ゴンスゥー シンティヤオ

ポイント	顧客第一	品質第一
重点	顾客至上	质量第一
zhòngdiǎn	gùkè zhìshàng	zhìliàng dìyī
ヂョオンディエン	グゥクゥ ヂィーシャン	ヂィーリャンディーイー

自ら率先して行動しよう
从我做起
cóngwǒ zuòqǐ
ツォンウォヅゥオチー

＊2 携帯電話もやっかいもの。「マナーモードにしてください」といった手前から「チャンチャン～」……。まさに吉本新喜劇のようなボケ方。ついつい日本語でもつっこみたくなる瞬間です。

職場と一年 岗位活动与一年

gǎngwèihuódòngyǔyīnián ガンウェイホゥオドォンユゥイーニエン

伝統色が濃く、人一倍家族を思いやる中国人。イベント好きな性格もあり、社内行事には大乗り気。逆に行事が少ないと不満タラタラ。カラオケ大会、美人コンテスト・・・何でも社内で企画してしまうパワー。本業より熱が入っていませんか？

岗位活动与一年

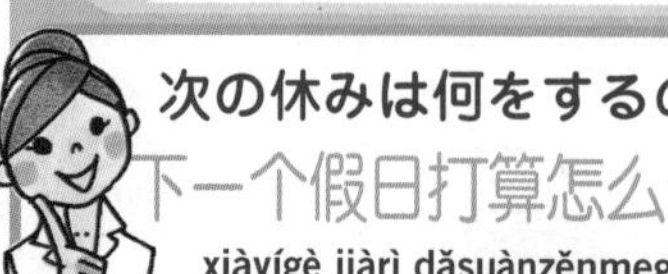

次の休みは何をするの？
下一个假日打算怎么过?
xiàyígè jiàrì dǎsuànzěnmeguò
シィアイーグゥ ジィアリー ダースアンゼンマグゥオ

誕生日おめでとう！
祝你生日快乐!
zhùnǐshēngrìkuàilè
ヂュニイシェンリークアイラー

10月1日
建国記念日
国庆节
guóqìngjié
グゥオチンジィエ

12月24日クリスマス
圣诞节
shèngdànjié
シェンダンジィエ

十二月
shí'èryuè
シイアールユエ

十一月
shíyīyuè
シイイーユエ

十月
shíyuè
シーユエ

九月
jiǔyuè
ジィウユエ

八月
bāyuè
バーユエ

七月
qīyuè
チーユエ

冬
冬天

秋
秋天
qiūtiān
チュウティエン

一年

夏天
夏

9月9日
重陽節
重阳节
chóngyángjié
チョオンヤンジィエ

(陰暦) 8月15日
中秋節
中秋节
zhōngqiūjié
ヂョォンチュウジイエ

7月7日
七夕
七夕节
qīxījié
チーシージィエ

ボーナス 奖金
jiǎngjīn
ジィアンジン

独身貴族
单身贵族
dānshēnguìzú
ダンシェングゥイヅゥ

けんかする
吵架
chǎojià
チャオジィア

育児休暇
养育假
yǎngyùjià
ヤンユゥジィア

妊娠・出産
怀孕/生小孩
huáiyùn/shēngxiǎohái
ホゥアンユン/
シェンシャオハイ

離婚する
离婚
líhūn
リィホゥン

＊1 産休
产假
chǎnjià
チャンジィア

＊1 中国では共働きが多いので、女性に対する職場での配慮は徹底しています。産休や育児休暇がしっかりとれ、肩身のせまい思いもしなくて済みます。

12月31日
旧正月交歓会
春节联欢晚会
chūnjiéliánhuānwǎnhuì
チュンジィエリエンホワァンワンホイ

新年おめでとう!
新年好!
xīnniánhǎo
シンニエンハオ

バレンタインデー
情人节
qíngrénjié
チンレンジィエ
一般に花はバラを贈ることが多い。本数でも意味合いがあり、1本だと「あなた一人に首ったけ」3本だと「I LOVE YOU」。

お年玉ちょうだい!
红包拿来!
hóngbāonálái
ホンバオナーライ

1月下旬～2月上旬
旧正月(春節)
春节
chūnjié
チュンジィエ
＊1

婚約する
订婚
dìnghūn
ディンホゥン

職場と一年

一月
yīyuè
イーユエ

二月
èryuè
アールユエ

三月
sānyuè
サンユエ

四月
sìyuè
スゥーユエ

五月
wǔyuè
ウーユエ

六月
liùyuè
リュウユエ

dōngtiān
ドォンティエン

春
春天
chūntiān
チュンティエン

yīnián
イーニエン

xiàtiān
シィアティエン

3月8日国際婦人デー ＊2
三八妇女节
sānbāfùnǚjié
サンバーフゥーニュウジィエ

イベント(春遊)
活动(春游)
huódòng(chūnyóu)
ホゥオドォン(チュンヨウ)

5月1日メーデー
(ゴールデンウィーク)
五一(劳动节)黄金周
wǔyī(láodòngjié)huángjīnzhōu
ウーイー(ラオドォンジィエ)
ホワァンジンヂョォウ

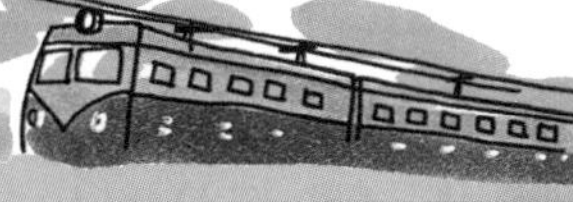

結婚おめでとう
恭喜你! 结婚快乐!
gōngxǐnǐ jiéhūnkuàilè
ゴンシィーニイ ジィエホゥンクアイラー
祝儀の相場はローカルの同僚同士は100元、ローカルスタッフには200元。この金額はあくまでも目安。ちなみに偶数が縁起の良い数字として喜ばれます。

6月1日国際児童デー
六一国际儿童节
liùyīguójì'értóngjié
リュウイーグゥオジィアールトォンジィエ

披露宴
喜筵
xǐyàn
シーイエン

結婚式
婚礼
hūnlǐ
ホゥンリィ

入社式
进公司仪式
jìngōngsīyíshì
ジンゴンスゥーイーシィ

退職	転職	定年退職
退职	跳槽	退休
tuìzhí	tiàocáo	tuìxiū
トゥイヂィー	ティヤオツァオ	トゥイシュウ

＊1 日本の年末年始の帰省ラッシュ以上のすごさで人が動きます。「民族大移動」といっても過言ではない状態。 ＊2「三八」だけでは「女性を罵る」言葉になるので、必ず「三八」のあとに「節」や「婦人節」をつけましょう。

中国語学習 学习中文

xuéxí zhōngwén シュエシーヂョオンウェン

上手に話せなくても、一生懸命中国語を使えば、相手も悪い気はしません。中国で長くビジネスをしていくなら、語学はやはり重要なビジネスツール。通訳を介さずに話せるようにならなくてもコミュニケーションの一つとして大事なポイント。

～を教えて下さい
请你教我～ *1
qǐngnǐ jiāowǒ
チンニィジャオウォ

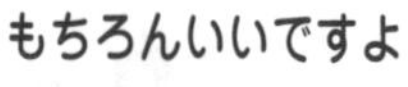

もちろんいいですよ
当然可以
dāngrán kěyǐ
ダンラン クゥイー

互いに教え合いましょう
互相学习吧！
hùxiāng xuéxíba
フゥーシャンシュエシーバ

中国語
汉语(中文)
hànyǔ(zhōngwén)
ハンユゥ(ヂョオンウェン)

日本語
日语
rìyǔ
リィーユゥ

少し話せる
会说一点儿
huìshuō yīdiǎnr
ホイショゥオイーディアル

全く話せない
一点儿也不会说
yīdiǎnr yě búhuìshuō
イーディアルイエブゥホイショゥオ

私は中国語が話せません
我不会说中文
wǒ búhuìshuō zhōngwén
ウォブゥホイショゥオヂョオンウェン

聞き取れない
听不懂
tīng bùdǒng
ティンブゥドォン

少しだけ
一点点
yīdiǎndiǎn
イーディエンディエン

～は話せますか？
你会不会说～
nǐ huìbúhuì shuō
ニィホイブゥホイショゥオ

標準語
普通话
pǔtōnghuà
プゥトォンホワァ

方言
方言
fāngyán
ファンイエン

英語
英语
yīngyǔ
インユゥ

難しい
难
nán
ナン

簡単
简单
jiǎndān
ジエンダン

もう一度言って下さい
请你再说一遍
qǐngnǐ zàishuō yībiàn
チンニィヅァイショゥオイービエン

話す
说
shuō
ショゥオ

聞く
听
tīng
ティン

ゆっくりと
慢点儿
màndiǎnr
マンディアル

はじめから
从头开始
cóngtóu kāishǐ
ツゥオントォウカイシイ

はっきりと
要清楚
yàoqīngchǔ
ヤオチンチュ

書く
写
xiě
シィエ

読む
念
niàn
ニエン

説明する
解释
jiěshì
ジィエシイ

発音する
发音
fāyīn
ファイン

＊1 相手と共通の話題がない場合でも、多少なりとも中国語で話せば、「話のタネ」にはなるはず。簡単な単語や覚えたての言葉をできるだけ使うようにして、語彙を増やすのが上達のコツです。声調や発音、文法をしっかりとらえることよりも「度胸」と「愛嬌」が必要。

どう勉強しますか？
怎样学习呢？*1
zěnyàng xuéxíne
ゼンヤン シュエシーナ

なぜ○○を勉強しているの？
为什么学习○○？
wèishénme xuéxí
ウェイシェンマシュエシー

仕事で必要
业务需要
yèwù xūyào
イエウーシューヤオ

学校に通う
上学
shàngxué
シャンシュエ

家庭教師を雇う
请家教
qǐng jiājiào
チンジィアジャオ

テープを聴く
听磁带
tīng cídài
ティンツゥダイ

留学する
留学
liúxué
リュウシュエ

テキストを読む
看课本
kàn kèběn
カンクゥベン

まだ決まっていません
还没有决定
háiméiyǒu juédìng
ハイメイヨウジュエディン

〜が好き
喜欢〜
xǐhuān
シーホァワン

間違っていたら教えて下さい
如果有错误，请指教！
rúguǒ yǒu cuòwù,qǐng zhǐjiào
ルウグゥオ ヨウ ツゥオウー，チン ディージャオ

発音
发音
fāyīn
ファーイン

声調
声调
shēngdiào
シェンディアオ

文法
语法
yǔfǎ
ユゥファ

書いて下さい
请写出来
qǐng xiěchūlái
チン シエチュライ

漢字
汉字
hànzì
ハンヅゥ

カタカナ
片假名
piànjiǎmíng
ピエンジィアミン

ひらがな
平假名
píngjiǎmíng
ピンジィアミン

意味
意思
yìsī
イースゥー

似ている
相同
xiāngtóng
シャントォン

違う
不同
bùtóng
ブゥトォン

わかる
懂
dǒng
ドォン

わからない
不懂
bùdǒng
ブゥドォン

できる
能
néng
ナン

できない！
不能！
bùnéng
ブゥナン

上手ですよ！
很好！
hěnhǎo!
ヘンハオ

下手ですね
不怎么样
bùzěnme yàng
ブゥゼンマヤン

まだまだです
还不行
háibùxíng
ハイブゥシン

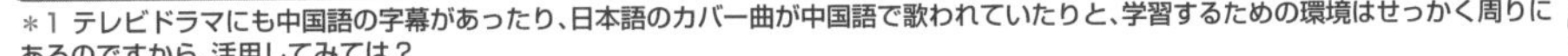

＊1 テレビドラマにも中国語の字幕があったり、日本語のカバー曲が中国語で歌われていたりと、学習するための環境はせっかく周りにあるのですから、活用してみては？

スケジュール管理 管理日程

guǎnlǐ rìchéng グアンリィリーチェン

日本のようにしっかりスケジュール管理しようと無駄なことは思わないこと。中国には「チャイニーズタイム」があり、約束した時間はあってないようなもの。約束には余裕をもつのが手っ取り早い解決策。「目くじらたてて怒鳴る」ことはタブー。

いつ時間がありますか？
什么时候有空？＊1
shénme shíhòu yǒukòng
シェンマシイホウヨウコン

いつでも
随时
suíshí
スゥイシイ

その時にならないと…
到时候才说！
dàoshíhòu cáishuō
ダオシイホウ ツァイショゥオ

おととい	昨日	今日	明日	あさって
前天	昨天	今天	明天	后天
qiántiān	zuótiān	jīntiān	míngtiān	hòutiān
チエンティエン	ヅゥオティエン	ジンティエン	ミンティエン	ホウティエン

先週	今週	来週
上个星期 shàngge xīngqī シャングゥシンチー	这个星期 zhège xīngqī ヂャーグゥシンチー	下个星期 xiàge xīngqī シィアグゥシンチー
先月 上个月 shàngge yuè シャングゥユエ	**今月** 这个月 zhège yuè ヂャーグゥユエ	**来月** 下个月 xiàge yuè シィアグゥユエ
去年 去年 qùnián チューニエン	**今年** 今年 jīnnián ジンニエン	**来年** 明年 míngnián ミンニエン

週明け	週末	月初め	月末
周初	周末	月初	月底
zhōuchū	zhōumò	yuèchū	yuèdǐ
ヂョオウチュ	ヂョオウモゥ	ユエチュ	ユエディー

○年×月△日
○年×月△号
nián yuè hào
ニエン ユエ ハオ

半月	半年
半个月	半年
bànge yuè	bànnián
バングゥユエ	バンニエン

月	火	水	木	金	土	日
星期一	星期二	星期三	星期四	星期五	星期六	星期天
xīngqī yī	xīngqī èr	xīngqī sān	xīngqī sì	xīngqī wǔ	xīngqī liù	xīngqī tiān
シンチーイ	シンチーアー	シンチーサン	シンチースゥー	シンチーウー	シンチーリュウ	シンチーティエン

＊1 中国で時間の取り決めや約束をする際、忘れてはいけないことが「時間の見積もり」。相手にもよるが、たいていは相手に課した日数＋2～3日の余裕をもっておいたほうが無難。リスクが高い約束なら、早め早めに手をうちましょう！

午前
上午
shàngwǔ
シャンウー
午後
下午
xiàwǔ
シィアウー
○時×分△秒
○点×分△秒
diǎn fēn miǎo
ディエン フェン ミィヤオ
○時ちょうど
○点整
diǎn zhěng
ディエン ヂェン
○時15分
○点一刻
diǎn yīkè
ディエン イークー
○時半
○点半
diǎn bàn
ディエン バン
○時45分
○点三刻
diǎn sānkè
ディエン サンクー
朝
早上
zǎoshàng
ザオシャン
昼間
白天
báitiān
バイティエン
夜
晚上
wǎnshàng
ワンシャン
12
shí'èr
シイアール
11
shíyī
シイイー
1
yī イー
10
shí シイ
2
èr アール
○時
○点
diǎn
ディエン
jiǔ ジィウ
9
3
sān サン
bā バー
8
sì スゥー
4
qī チー
7
liù リュウ
6
wǔ ウー
5
例
あと○分で4時です
还差○分四点
háichà ~ fēn sìdiǎn
ハイチャア ～ フェンスゥーディエン
3時15分
三点一刻
sāndiǎn yīkè
サンディエンイークー
何時ですか？
几点钟?
jǐdiǎnzhōng
ジィディエンヂョオン
～時から
从～点开始
cóng ~ diǎn kāishǐ
ツォン ～ ディエンカイシイ
～時まで
到～点为止
dào ~ diǎn wéizhǐ
ダオ ～ ディエンウェイヂィー
～時ぐらい
～左右
zuǒyòu
ヅゥオヨウ
始業
开工/上课
kāigōng / shàngkè
カイゴン/シャンクゥ
開始時間
开始时间
kāishǐ shíjiān
カイシイシイジエン
出発時間
出发时间
chūfā shíjiān
チュファシイジエン
締め切り
截止(日期)
jiézhǐ (rìqī)
ジィエヂィー(リィチー)
終業
收工/下课
shōugōng / xiàkè
ショウゴン/シィアクゥ
終了時間
结束时间
jiéshù shíjiān
ジィエシューシイジエン
到着時間
到达时间
dàodá shíjiān
ダオダーシイジエン
休憩
休息
xiūxī
シュウシー

パソコン・ネット 电脑/网络

diànnǎo / wǎngluò ディィエンナオ / ワンルオ

今やＰＣやネットはビジネスでも必需品。大都市や沿海都市のネットカフェには日本語環境もありますが、地方都市ではまだまだ「英語」と「中国語」環境のみ。出張や移動等で内陸に行く際には「日本語環境」のあるマイＰＣがないとかなり不便。

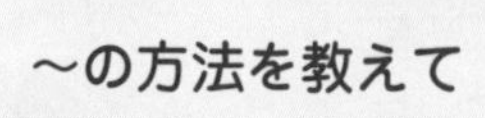

～の方法を教えて
请教我～的办法
qǐng jiāowǒ ~ de bànfǎ
チン ジャオウォ ～ ダ バンファ

～して下さい
请～
qǐng
チン

立ち上がらない
启动不了
qǐdòng bùliǎo
チードォンブゥリャオ

どこ？
怎么找?
zěnme zhǎo
ゼンマヂャオ

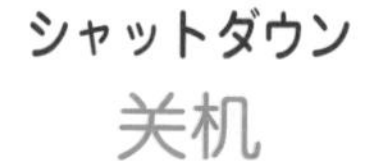

起動
启动
qǐdòng
チードォン

シャットダウン
关机
guānjī
グアンジイ

再起動
重新启动
chóngxīn qǐdòng
チョォンシン チードォン

スイッチ
开关
kāiguān
カイグアン

コピー
拷贝
kǎobèi
カオベイ

ペースト
粘贴
zhāntiē
ヂャンティエ

カット
剪切
jiǎnqiē
ジェンチエ

アイコン
图标
túbiāo
トゥビィヤオ

アップグレード
升级
shēngjí
シェンジイ

セットアップ
设置
shèzhì
シャヂィー

ダウンロード
下载
xiàzǎi
シィアヅァイ

アイテム
项目
xiàngmù
シャンムゥ

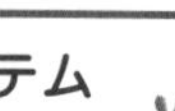

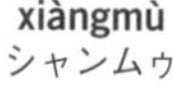

インストール
安装
ānzhuāng
アンヂュアン

解凍
解压
jiěyā
ジィエヤー

再設定
重新设置
chóngxīn shèzhì
チョォンシンシャヂィー

モニタ
显示器
xiǎnshìqì
シィエンシイチー

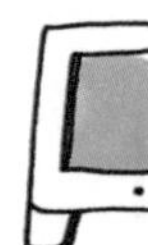

アプリケーション
程序
chéngxù
チェンシュー

追加
添加
tiānjiā
ティエンジィア

キーボード
键盘
jiànpán
ジエンパン

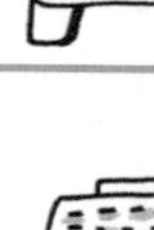

日本語の打てるパソコン
可以打日语的电脑
kěyǐdǎrìyǔdediànnǎo
クゥーイーダァリーユゥダディエンナオ

削除
删掉
shāndiào
シャンディヤオ

マウス
鼠标
shǔbiāo
シュービィヤオ

＊中国のネット普及率は驚くほどの伸びです。ADSLの常時接続サービスもあり、日本同様の、もしかしたらそれ以上の充実した環境かもしれません。

～を使いたい
想用～
xiǎngyòng
シャンヨン

インターネット
因特网
yīntèwǎng
インターワン

Eメール
电子邮件
diànzǐyóujiàn
ディエンヅゥーヨウジィエン

～を探しています
要找～
yàozhǎo
ヤオヂャオ

アドレス ＊1
邮件地址
yóujiàndìzhǐ
ヨウジイエンディーヂィー

URL
网址
wǎngzhǐ
ワンヂィー

ウェブサイト
网站
wǎngzhàn
ワンヂャン

データ
数据
shùjù
シュージゥ

画像
图像
túxiàng
トゥーシャン

ウィルス
病毒
bìngdú
ビンドゥ

プロパティ
属性
shǔxìng
シューシン

お気に入り
收藏夹
shōucángjiā
ショウツァンジィア

チャット
聊天
liáotiān
リャオティエン

オプション
选项
xuǎnxiàng
シュエンシャン

パスワード
密码
mìmǎ
ミィーマー

オンラインサービス
在线服务
zàixiàn fúwù
ヴァイシエン フウー

オンライン取引
网上交易
wǎngshàng jiāoyì
ワンシャン ジャオイー

インボックス
收件箱
shōujiànxiāng
ショウジィエンシャン

～の画面が出ました
画面上出现～
huàmiànshàng chūxiàn
ホワアミィエンシャン チュシエン

エラー
错误
cuòwù
ツゥオウー

キャンセル
取消
qǔxiāo
チューシャオ

フリーズ
死机
sǐjī
スゥージイ

文字化け
乱码
luànmǎ
ルアンマー

スクリーン
屏幕
píngmù
ピンムゥ

クリック
点击
diǎnjī
ディエンジイ

ダブルクリック
双击
shuāngjī
シュアンジイ

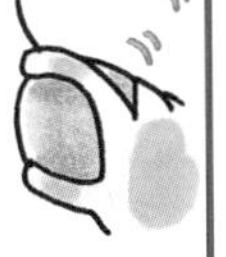

ドラッグ
拖动
tuōdòng
トゥオドン

＊1 メールアドレスは必需品。駐在の場合は赴任と同時に使えるように現地で手配しておいてもらいましょう。

携帯・ショートメール 手机/短信息

shǒujī / duǎnxìnxī ショウジイ/ドゥアンシンシー

中国では携帯電話の本体が非常に高く、日本円で3～4万円します。その分、通話料は安いのですが、就職したての若者には厳しい現実。ちなみに携帯通話料は受け手側とかけた側の双方に料金が発生する、なんとも不合理なシステム(!)

携帯電話を使いたい!
想用手机!
xiǎngyòng shǒujī
シャンヨン ショウジイ

手続きには何が必要ですか?
为办手续准备什么资料?
wèi bànshǒuxù zhǔnbèi shénme zīliào
ウェイバンショウシュー チュンベイシェンマ ヅゥーリャオ

本体
主机
zhǔjī
チュージイ

携帯番号＊1
手机号码
shǒujī hàomǎ
ショウジイ ハオマ

カラー画面
彩屏
cǎipíng
ツァイピン

身分証
身份证
shēnfènzhèng
シェンフェンヂェン

イヤホン
键控耳机
jiànkòng ěrjī
ジエンコンアールジイ

買う
购买
gòumǎi
ゴウマイ

選ぶ
选择
xuǎnzé
シュアンザァ

オリジナル
原件
yuánjiàn
ユエンジエン

付属品
配套
pèitào
ペイタオ

充電器
充电器
chōngdiànqì
チョンディエンチー

プリペイドカード
预付卡
yùfùkǎ
ユゥフゥカー

コピー
复印件
fùyìnjiàn
フゥーインジエン

どれが好き?
喜欢那个吗?
xǐhuān nàgema
シーホゥアンネイグゥマ

折りたたみ式
翻盖设计
fāngài shèjì
ファンガイシャジイ

ストレートタイプ
直体
zhítǐ
ヂィーティ

カメラ機能付き
内置数码相机
nèizhì shùmǎ xiàngjī
ネイヂィシューマーシャンジイ

中国移動
中国移动
zhōngguó yídòng
ヂョオングゥオイードォン

聯通
联通
liántōng
リエントォン

PHS
小灵通
xiǎolíngtōng
シャオリントォン

新モデル
新款
xīnkuǎn
シンクアン

＊1 携帯同士ではそのまま電話番号にかけるだけで通じますが、一般電話よりその地方外の携帯番号にかける際には、はじめに「0」をつけないと通じません。また電話番号も購入するもので、だいたい100～300元くらい。縁起のよい「8」がつく番号は1000元以上したりする。

私の代わりに～してくれませんか？

请替(帮)我～一下!

qǐng tì (bāng)wǒ ~ yīxià

チンティ（バン）ウォ ～ イーシィア

ショートメール発信 ＊1	番号登録	～の設定
发送短信息	添加号码	设定～
fāsòng duǎnxìnxī	tiānjiāhàomǎ	shèdìng
ファーソン ドゥアンシンシー	ティエンジィアハオマ	シャディン

使い方がわからない

不知怎么用!

bùzhī zěnme yòng

ブゥヂィーゼンマヨン

説明書を見てもわからない

看说明书也看不懂

kàn shuōmíngshū yě kànbùdǒng

カンショゥオミンシュー イエカンブゥドォン

このキーは何ですか？

这个键指什么?

zhègèjiàn zhǐ shénme

ヂァーグゥジィエン ヂィーシェンマ

どんな機能がありますか？

有什么样的功能?

yǒu shénmeyàngde gōngnéng

ヨウ シェンマヤンダ ゴンナン

メニュー	着メロ
菜单 càidān ツァイダン	铃声 língshēng リンシェン
音量 响铃音量 xiǎnglíng yīnliàng シャンリンインリャン	目覚まし 闹铃 nàolíng ナオリン
検索 查找 cházhǎo チャアヂャオ	マナーモード 静音 jìngyīn ジンイン

ゲーム 游戏 yóuxì ヨウシー

アドレス帳 通讯录 tōngxùnlù トォンシュンルウ

メール機能 信息功能 xìnxī gōngnéng シンシーゴンナン

電話機設定 话机设定 huàjī shèdìng ホワァジイシャディン

ON 开机 kāijī カイジイ

OFF 关机 guānjī グアンジイ

パスワード	変更	マイ○○～
密码	更改	我的○○～
mìmǎ	gēnggǎi	wǒde
ミィーマー	ゲンガイ	ウォダ

＊1 携帯は必須アイテムであることは万国共通。ただ、中国ではとくにその傾向が強く、事務所に電話があるのに、相手は携帯にかけてくることが多いです。また、ショートメールもかなり優れもの。ＰＣのメールよりも気軽に送れる便利なツール。ただし中国語と英語のみ。

アポイント・訪問　约会/访问

yuēhuì / fǎngwèn ユエホイ/ファンウェン

アポイントを取る際には必ず時間に余裕をもって計画すること。こちらのスケジュール通りに相手はなかなか動いてくれません。アポイント時間をどれだけ守ってくれるかで相手のあなたに対する重視度が計れるかもしれませんね！？

～とアポイントを取って下さい
请跟～订约会
qǐnggēn ~ dìng yuēhuì
チンゲン ～ ディンユエホイ

事前にアポをとる
提前约好日期
tíqián yuēhǎo rìqī
ティーチエン ユエハオ リィチー

担当者
担当
dāndāng
ダンダァン

関係者
有关人员
yǒuguān rényuán
ヨウグアンレンユエン

連絡先の窓口
联系人
liánxìrén
リエンシーレン

いつですか？
安排在什么时候？
ānpái zài shénme shíhòu
アンパイ ヅァイ シェンマ シーホォウ

都合が良いのはいつ？
什么时候方便？
shénme shíhòu fāngbiàn
シェンマ シイホォウ ファンビィエン

スケジュールを確認します
确认日程
quèrèn rìchéng
チュエレン リーチェン

→スケジュール管理P.40

いつでも
随时
suíshí
スゥイシイ

相手の都合に合わせて
看对方的方便
kàn duìfāngde fāngbiàn
カン ドゥイファンダ ファンビエン

○月×日の△時に
就在○月×日的△点
jiùzài　yuè　rì de　diǎn
ジィウヅァイ　ユエ　リィーダ　ディエン

御社で
在贵公司
zài guìgōngsī
ヅァイグゥイゴンスゥー

弊社で
在敝公司
zài bìgōngsī
ヅァイビーゴンスゥー

忙しい
很忙
hěnmáng
ヘンマン

出張中
去出差
qù chūchāi
チューチュチャイ

私は/彼は/彼女は
我/他/她
wǒ / tā / tā
ウォ / タァー / タァー

休暇中
请假（休息）
qǐngjià(xiūxī)
チンジィア（シュウシー）

辞めました
辞职了
cízhíle
ツゥーヂィーラ

新しい
新的
xīnde
シンダ

元の
原来的
yuánláide
ユエンライダ

別の
别的
biéde
ビエダ

受付にて

～さんをお願いします
我找～先生/小姐
wǒzhǎo ~ xiānshēng / xiǎojiě
ウォヂャオ ～ シエンシィエン / シャオジィエ

○○さん（男性の場合）
○○先生
xiānshēng
シエンシィエン

○○さん（女性の場合）＊1
○○小姐/女士
xiǎojiě / nǚshì
シャオジィエ/ニュウシイ

約束しています
约好了
yuēhǎole
ユエハオラ

少々お待ち下さい
请稍等
qǐng shāoděng
チン シャオドォン

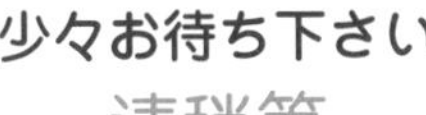

すぐに来ます
马上就来
mǎshàng jiùlái
マァシャンジィウライ

外出中です
出去了
chūqùle
チュウチューラ

電話中です
接电话
jiēdiànhuà
ジィエディエンホワァ

連絡がとれません
联系不上
liánxì búshàng
リエンシーブゥシャン

分かりません
不知道
bùzhīdào
ブゥヂィーダオ

会議中です
开会
kāihuì
カイホゥイ

席を外しています
不在座位上
búzài zuòwèishàng
ブゥヅァイ ヅゥオウェイシャン

来客中です
会客
huìkè
ホイクゥ

アポイント・訪問

どうしますか？
你怎么办?
nǐ zěnmebàn
ニィ ゼンマバァン

出直します
改天再来
gǎitiān zàilái
ガイティエンヅァイライ

伝言をお願いします
请留言
qǐngliúyán
チンリュウイエン

お待ちします
我会等下去
wǒhuì děngxiàqù
ウォホイドォンシィアチュ

申し訳ありません
非常抱歉！
fēicháng bàoqiàn
フェイチャンバオチエン

ようこそお越し下さいました
欢迎光临
huānyíng guānglín
ホワンイングアンリン

お待ちしておりました
等您了
děngnínle
ドォンニンラ

お待たせしました
让您久等了
ràngnín jiǔděngle
ランニンジィウドォンラ

だいぶ待たされましたよ！
等了半天呢！
děngle bàntiānne
ドォンラ バンティエンナ

＊1 女性は既婚か未婚かで「小姐」とつけるか「女士」とつけるか分けられると、ものの本では言われていますが、実際はかなり微妙。既婚か未婚かよりは、職業や年齢によるような気がします。ただ、女心は万国共通なので、「女士」を聞く回数が少ないのもうなずけませんか？

会社の紹介 介绍公司

jièshào gōngsī ジィエシャオ　ゴンススー

やはりここでも「関係(コネ)」が大切になります。プレゼンで熱く語ることも大事ですが、いかに端的に紹介できて、サンプル品などの粗品をつけられるか…。たかが会社紹介と侮れません。中国ビジネスにおける実力をはかる物差しになります。

～を紹介します 介绍～ jièshào ジィエシャオ	当社の状況 公司的情况 gōngsīde qíngkuàng ゴンスゥーダ　チンクアン	会社概要 公司简介 gōngsī jiǎnjiè ゴンススゥージエンジィエ
沿革 历史变迁 lìshǐ biànqiān リーシイビエンチエン	業務内容 业务内容 yèwù nèiróng イエウー　ネイロン	カタログ 商品目录 shāngpǐn mùlù シャンピン　ムゥールウ

主な業務は～です 以～为主要业务 yǐ ~ wéi zhǔyào yèwù イー ～ ウェイヂュヤオイエウ	製造業 制造业 zhìzàoyè ヂィーザオイエ	貿易 贸易 màoyì マオイー	サービス業 服务行业 fúwùhángyè フウウーハンイエ
不動産業 房地产业 fángdìchǎnyè ファンディーチャンイエ	建設業 建设业 jiànshèyè ジエンシャーイエ	重工業 重工业 zhònggōngyè ヂョォンゴンイエ	軽工業 轻工业 qīnggōngyè チンゴンイエ
アパレル業 服装产业 fúzhuāngchǎnyè フウヂュアンチャンイエ			

これが我が社の～です 这是我公司的～ zhèshì wǒgōngsīde ヂャアシイ　ウォゴンスゥーダ	看板商品 王牌商品 wángpái shāngpǐn ワンパイ　シャンピン	新商品 新商品 xīnshāngpǐn シンシャンピン

～があります 有～ yǒu ヨウ	豊富な経験 丰富的经验 fēngfùde jīngyàn フォンフウウダ　ジンイエン	優れたノウハウ 优秀的技术知识 yōuxiùde jìshù zhīshí ヨウシュウダ　ジイシューヂィーシィ	ハイテク技術 高新技术 gāoxīn jìshù ガオシンジイシュウ

～を保証します 保证～ bǎozhèng バオヂェン	高品質 高质量 gāo zhìliàng ガオヂィーリャン	アフターサービス 售后服务 shòuhòu fúwù ショウホウフウウー

＊何でもありの中国でも、「関係」はとても重んじられます。日本人が中国人コミュニティに加入することはなかなか大変なことです。語学もさることながら、その地方独特の風習なども理解していなくてはいけません。

会社の紹介

訪問・交渉 | 接待 | 話題作り | 暮らし | その他

～はどこにありますか？	本社	工場	駐在員事務所
～在哪儿？	总公司	工厂	代表处
zài nǎr	zǒnggōngsī	gōngchǎng	dàibiǎochù
ヅァイナール	ヅォンゴンスゥー	ゴンチャン	ダイビィアオチュ

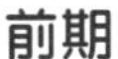

東京	大阪	北京	上海
东京	大阪	北京	上海
dōngjīng	dàbǎn	běijīng	shànghǎi
ドォンジン	ダーバン	ベイジン	シャンハイ

～売上額
～销售额
xiāoshòu'é
シャオショウアー

創業～年の歴史があります
创立以来已经有～年的历史
chuànglì yǐlái yǐjīngyǒu ~ niánde lìshǐ
チュアンリィ　イーライ　イジンヨウ ～ ニエンダリィーシイ

従業員は～名です
员工有～人(名)
yuángōng yǒu ~ rén(míng)
ユエンゴンヨウ ～ レン(ミン)

敷地面積は～m²です
占地面积有～平方米
zhàndì miànjí yǒu ~ píngfāngmǐ
ヂャンディーミエンジイヨウ ～ ピンファンミィ

前期	後期
前半期	后半期
qiánbànqī	hòubànqī
チエンバンチー	ホウバンチー

上半期	下半期
上半期	下半期
shàngbànqī	xiàbànqī
シャンバンチー	シィアバンチー

四半期
季度
jìdù
ジイドゥー

～と我が社は	パートナー	取引先	企業グループ
～与我公司	伙伴	交易户	企业集团
yǔ wǒgōngsī	huǒbàn	jiāoyìhù	qǐyè jítuán
ユゥウォゴンスゥー	ホゥオバン	ジャオイーフゥ	チーイエジイトゥアン

関係を～ ＊1	結ぶ	つける
～关系	建立	拉／发生
guānxì	jiànlì	lā / fāshēng
グアンシー	ジエンリィ	ラー／ファシェン

強化する	保つ	絶つ
加强	保持	断绝
jiāqiáng	bǎochí	duànjué
ジィアチィアン	バオチィー	ドゥアンジュエ

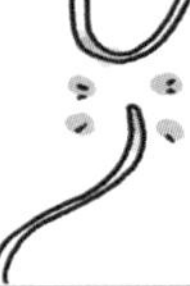

＊1 ここでいう「関係」はいわゆる「コネ」を指しますが、もちろん男女間の「関係」を指す場合の表現も同じなので気をつけて使ってください。

交渉 谈判

tánpàn タンパン

最初から了解することは決めていても、「いかに相手に恩を売るか」を考えながら交渉する中国人。彼らの頭の回転についていくことは、裏の裏をよんで、そのまた裏道の横というような、入り組んだ迷路を解き明かすようなものです。

～について話し合いましょう	価格	条件	予算
关于～，我们谈一谈	价格	条件	预算
guānyú ~, wǒmen tányitán	jiàgé	tiáojiàn	yùsuàn
グアンユゥ ～，ウォメンタンイータン	ジィアグゥ	ティヤオジィエン	ユゥスアン

得意先	新しい顧客	メーカー
老客户	新客户	厂家
lǎo kèhù	xīn kèhù	chǎngjiā
ラオ クーホゥー	シン クーホゥー	チャンジィア

～を提供します	～は提供しません	資料	サンプル
提供～	不提供～	资料	样品
tígòng	bùtígòng	zīliào	yàngpǐn
ティーゴン	ブゥティーゴン	ヅゥーリャオ	ヤンピン

図面	スペック	規格とサイズ	見積書
图纸	规格单	型号	报价单
túzhǐ	guīgédān	xínghào	bàojiàdān
トゥヂィー	グゥイグゥダン	シンハオ	バオジィアダン

どれだけの～？	どのくらいですか？
有多(么)～	有多少？
yǒu duō(me)	yǒu duōshǎo
ヨウドゥオ(マ)	ヨウ ドゥオシャオ

大きさ	高さ	長さ	太さ	幅広さ	厚さ
大	高	长	粗	宽	厚
dà	gāo	cháng	cū	kuān	hòu
ダー	ガオ	チャン	ツゥー	クアン	ホォウ

～をお願いします
请～一下
qǐng ~ yīxià
チン ～ イーシイア

検討
研究
yánjiū
イエンジィウ

比較
比较
bǐjiào
ビィージャオ

準備
准备
zhǔnbèi
チュンベイ

持参
自带
zìdài
ヅゥーダイ

相談
商量
shāngliáng
シャンリャン

選定
挑选
tiāoxuǎn
ティヤオシュエン

責任を負う
负责任
fù zérèn
フゥザァレン

私が責任を持つ
由我来负责
yóuwǒ lái fùzé
ヨウウォライフゥザァ

自分がしたことに責任をとるよ!
敢做敢当!
gǎnzuògǎndāng
ガンヅゥオガンダン

最後まで責任を持つ
负责到底
fùzé dàodǐ
フゥザァダオディー

責任逃れする
推卸责任
tuīxiè zérèn
トゥイシィエ ザァレン

無理難題を言う
强人所难
qiǎngrénsuǒnán
チャンレンスゥオナン

お手やわらかに
手下留情
shǒuxià liúqíng
ショウシイアリュウチン

信用に値します
值得信任
zhídé xìnrèn
チィーダシンレン

～が困る
为难～
wéinán
ウェイナン

～を困らせない
不为难～
bùwéinán
ブゥウェイナン

私
我
wǒ
ウォ

あなた
你/您
nǐ / nín
ニィ/ニン

御社
贵公司
guìgōngsī
グゥイゴンスゥー

請負メーカー
承包厂家
chéngbāo chǎngjiā
チェンバオチァンジィア

言ったことは守って下さいね!
说话要负责任的!
shuōhuà yào fùzérènde
ショゥオホワァ ヤオ フゥザァレンダ

契約書作成 起草合同

qǐcǎo hétóng チーツァオホゥートン

中国語と日本語のニュアンスが同一でない場合もあるので、作成時はできるだけ弁護士などのチェックを受けたほうが無難です。中国の法律に詳しくても、思わぬところに落とし穴が。めまぐるしく変わる法令についていくのは大変です・・・。

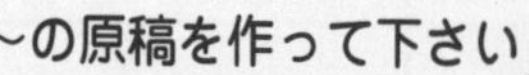

～の原稿を作って下さい
请起草～
qǐng qǐcǎo
チンチーツァオ

契約書	覚書	協議書
合同	备忘录	协议书
hétóng	bèiwànglù	xiéyì shū
ホゥートン	ベイワンルウ	シィエイーシュー

当方で
由我方
yóu wǒfāng
ヨウ ウォファン

メーカー側が
由厂方
yóu chǎngfāng
ヨウ チャンファン

相手側が
由对方
yóu duìfāng
ヨウ ドゥイファン

～を準備して下さい
请准备好～
qǐng zhǔnbèihǎo
チンヂュンベイハオ

フォーム	書類	草稿
格式	文件	草稿/草案
géshì	wénjiàn	cǎogǎo / cǎo'àn
グゥシイ	ウェンジィエン	ツァオガオ/ツァオアン

できたら教えて下さい
做好了就通知我一声！
zuòhǎole jiù tōngzhīwǒ yīshēng !
ヅゥオハオラ ジィウ トンヂィーウォ イーシェン

ワーキングデーで○日以内に提出して
在○工作日以内提交
zài ~ gōngzuòrì yǐnèi tíjiāo
ヅァイ ～ ゴンヅゥオリイイーネイティジャオ

～が必要です
需要～
xūyào
シュヤオ

読み合わせ
核对
héduì
ホゥードゥイ

照合
校对
jiàoduì
ジャオドゥイ

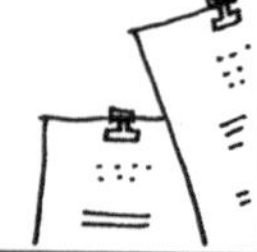

パソコン入力	2部作成	確認	審査
(用电脑)打字	准备2份	确认	审核
(yòng diànnǎo) dǎzì	zhǔnbèi liǎng fèn	quèrèn	shěnhé
(ヨンディエンナオ)ダーヅゥー	ヂュンベイ リャン フェン	チュエレン	シェンホゥー

決まり文句の例

合意に達する
达成协议
dáchéng xiéyì
ダーチェンシィエイー

相互協力
双边合作
shuāngbiān hézuò
シュアンビエンホゥーヅゥオ

調印後直ちに発効
签字后立即生效
qiānzìhòu lìjí shēngxiào
チエンヅゥーホウリィジィシェンシャオ

契約書作成

～をチェックして
请核对～
qǐng héduì
チンホゥードゥイ

言葉遣い	文字表現	誤字
用语	文字表达	错字
yòngyǔ	wénzì biǎodá	cuòzì
ヨンユゥ	ウェンヅゥービャオダー	ツゥオヅゥー

脱字	条項	日付	有効期限
漏字	条款	日期	有效期
lòuzì	tiáokuǎn	rìqī	yǒuxiàoqī
ロウヅゥー	ティヤオクアン	リィーチー	ヨウシャオチー

社長	役員	上司
老总	董事	领导
lǎozǒng	dǒngshì	lǐngdǎo
ラオヅォン	ドォンシイ	リンダオ

○○の～を仰ぐ
请示○○的～
qǐngshì ~ de
チンシイ ～ ダ

～する所はないですか？
有没有需要～的地方?
yǒuméiyǒu xūyào ~ de dìfāng
ヨウメイヨウシューヤオ ～ ダディーファン

許可	承認	指示
许可	批准	指示
xǔkě	pīzhǔn	zhǐshì
シュークゥ	ピーヂュン	ヂィーシイ

補足	追加	削除	訂正
补充	追加	删除	修改
bǔchōng	zhuījiā	shānchú	xiūgǎi
ブゥチョオン	ヂュイジイア	シャンチュ	シュウガイ

すぐに翻訳して下さい
请马上翻译出来
qǐng mǎshàng fānyì chūlái
チン マーシャン ファンイーチュライ

日本語	中国語	英語
日语	中文	英文
rìyǔ	zhōngwén	yīngwén
リィユゥ	ヂョオンウェン	インウェン

＊1 **商売は成立しなくても義理人情がありますとも!**
买卖不成情义在
mǎimài bùchéng qíngyìzài
マイマイブゥチェン チンイーヅァイ

＊1 たとえ、契約が成立しなくても、何かのときにまた「関係」がつながるかもしれないので、それで「終わり」ではなく、そこから「始まる」と思って付き合っていくことが大切。中国社会も意外とせまいので、どんな時にその「関係」が生きてくるかわかりません。喧嘩別れより「次回また縁があれば･･･」で別れておくのも中国ならでは。一度つかんだ「線」を断ってはいけません!

クレーム 投诉

tóusù トォウスゥ

対応も処理もせず、ただひたすら自分の非でないことをアピールする相手の姿に唖然とすることでしょう。しかも逆にクレームをつけられたなら身ぐるみはがされることは間違いなし。そうならないためにも普段からの「関係(コネ)」づくりを。

～に気づきました	发现～	fāxiàn	ファーシィエン
規格違い *1	规格不同	guīgé bùtóng	グゥイグゥ ブゥトン
錆びつき	生锈	shēngxiù	シェンシィウ
カビ発生	发霉	fāméi	ファメイ
油の染み	油污	yóuwū	ヨウウ
水濡れ	漏水	lòushuǐ	ルゥオシュェイ
不良品	次品	cìpǐn	ツゥピン
契約違反	违反合同	wéifǎn hétóng	ウェイファン ホゥートン
問題が生じる	发生问题	fāshēng wèntí	ファーシェン ウェンティ
不可抗力	不可抗力	bùkěkàng lì	ブゥクゥカンリィ
要求に合う	符合要求	fúhé yāoqiú	フゥホゥヤオチュウ
要求に合わない	不符合要求	bùfúhé yāoqiú	ブゥフゥホゥヤオチュウ
どうしたらよいでしょうか？	怎么做才好呢?	zěnmezuò cáihǎone	ゼンマヅゥオ ツァイハオナ
クレームを出す	投诉	tóusù	トォウスゥ
損害賠償請求を出す	提出索赔	tíchū suǒpéi	ティチュスゥオペイ
手違い	差错	chācuò	チャアツゥオ
不手際	处理不当	chǔlǐ búdàng	チュリィブゥダン
商品返却	退货	tuìhuò	トゥイホゥオ
商品交換	换货	huànhuò	ホワンホゥオ

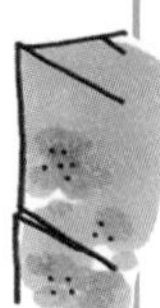

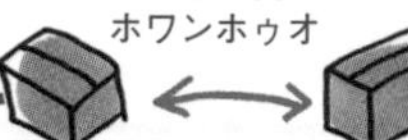

*1 「規格違い」や「水漏れ」などのクレームは「小ケース」です。日常茶飯事ですので、とくに目くじらをたてることもないのですが、だからといってそれに「慣れて」しまう感覚も問題有りです。麻痺してしまうのをどうにか食い止めなくては、泥沼にはまっていきます……。

何と言いましたか？
说什么?
shuō shénme
ショゥオシェンマ

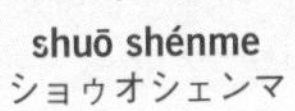

聞き違い
听错
tīngcuò
ティンツゥオ

言い間違い
说错
shuōcuò
ショゥオツゥオ

いつ？
什么时候?
shénme shíhòu
シェンマシイホウ

前回	今回	次回	日を改めて/他日
上次	这次	下次	改天
shàngcì	zhècì	xiàcì	gǎi tiān
シャンツゥ	ヂャーツゥ	シイアツゥ	ガイ　ティエン

＊1
お詫びする
表示歉意
biǎoshì qiànyì
ビィヤオシイチェンイー

遺憾に思う
感到很遗憾
gǎndào hěnyíhàn
ガンダオ ヘンイーハン

クレーム

原因を～する
～原因
yuányīn
ユエンイン

調べて明らかに
查清
cháqīng
チャアチン

追求
追究
zhuījiū
ヂュイジィウ

調査
调查
diàochá
ディヤオチャア

現場調査
实地调查
shídì diàochá
シイディーディヤオチャア

誤りを認める
承认错误
chéngrèn cuòwù
チェンレンツゥオウー

騙す
欺骗
qīpiàn
チーピエン

騙される
受骗
shòupiàn
ショウピエン

嫌な顔をする
不给好脸色
bùgěihǎoliǎnsè
ブゥゲイハオリエンサー

あなたの言うとおり
照您说
zhàonínshuō
ヂャオニンショゥオ

あなたの要求に合わせて
根据您的要求
gēnjù nínde yāoqiú
ゲンジゥ ニンダヤオチィウ

＊1 形式的で丁寧な言葉

接待・支払い 宴请/结账

yànqǐng / jiézhàng イエンチン/ジィエヂャン

こちらが接待する側の場合、あなたが出席者の中で一番若いか、幹事であれば、相当の目配りが必要。ドリンクはグラスにたっぷり入っているか、料理はすすんでいるか等々。とくに主賓の一挙一動に目を配って！予約する席や個室の位置も重要。

人数は揃いましたか？
都到齐了吗？
dōu dàoqílema
ドォウダオチーラマ

揃った	まだ
齐了 qíle チーラ	还没有 háiméiyǒu ハイメイヨウ

○人増える	○人減る
多○个人 duō ~ gèrén ドゥオ ～ グゥレン	少○个人 shǎo ~ gèrén シャオ ～ グゥレン

個室はありますか？
有没有包厢？
yǒuméiyǒu bāoxiāng
ヨウメイヨウ バオシャン

満室です	確認します	ありません
已经满了 yǐjīng mǎnle イージン マンラ	去确认一下 qù quèrèn yīxià チュー チュエレン イーシィア	没有 méiyǒu メイヨウ

ここが～です
这儿就是～
zhèr jiùshì
ヂャアジィウシイ

一番良い	一番高級な
最好的 zuìhǎode ヅゥイハオダ	最高级的 zuì gāojíde ヅゥイガオジィダ

招待する	接待する
邀请 yāoqǐng ヤオチン	接待 jiēdài ジィエダイ

席 ＊1	位置	お店	個室
座位 zuòwèi ヅゥオウェイ	位置 wèizhì ウェイヂィー	餐厅 cāntīng ツァンティン	包厢 bāoxiāng バオシャン

先に	後で	早く	ゆっくりと
先 xiān シィエン	后 hòu ホォウ	快点儿 kuàidiǎnr クアイディアール	慢点儿 màndiǎnr マンディアール

料理を出して下さい
上菜
shàngcài
シャンツァイ

小写	0	一	二	三	四	五
大写 ＊2	零 líng リン	壹 yī イー	贰 èr アール	叁 sān サン	肆 sì スゥー	伍 wǔ ウー

＊1 席順はかなり神経を使うもの。とくに接待での席順ミスはご法度。出席者があらかじめ分かっている場合は必ず席順を確認しておくこと。普段気の合う相手でも、第3者が出席する場合は上下関係をはっきりさせてあげましょう。相手の面子をつぶさないようにご用心！

接待・支払い

どうぞ～に
请到～来
qǐngdào ~ lái
チンダオ ～ ライ

こちら	あちら
这儿	那儿
zhèr	nàr
ヂャアール	ナアール

ここで結構です
就在这儿吧！
jiùzài zhèrba
ジィウヅァイ ヂャアーバ

オーダーはよろしいですか？
可以点菜吗？
kěyǐ diǎncàima
クーイー ディエンツァイマ

予約をしています
已订好了
yǐ dìnghǎole
イーディンハオラ

フロアスタッフ
服务员
fúwùyuán
フゥウーユエン

主賓席
主宾座位
zhǔbīn zuòwèi
ヂュウビンヅゥオウェイ

メニュー	グラス	取り皿	取り碗	はし	レンゲ	ナプキン
菜单	杯子	碟子	碗	筷子	调羹	餐巾
càidān	bēizi	diézi	wǎn	kuàizi	tiáogēng	cānjīn
ツァイダン	ベイヅゥー	ディエヅゥー	ワン	クアイヅゥ	ティヤオゲン	ツァンジン

支払い

いくらですか？
多少钱？
duōshǎoqián
ドゥオシャオチエン

（文語）			（口語）		
○元	○角	○分	○块	○毛	○分
yuán	jiǎo	fēn	kuài	máo	fēn
ユエン	ジィアオ	フェン	クアイ	マオ	フェン

お勘定をお願い！
买单！
mǎidān
マイダン

今日は私のおごりで！
今天我请客！
jīntiān wǒ qǐngkè
ジンティエン ウォ チンクゥ

次回は私のおごりで！
下次我请吧！
xiàcì wǒqǐngba
シイアツゥ ウォチンバ

会社の経費で落ちる
公司给报销
gōngsī gěi bàoxiāo
ゴンスゥー ゲイ バオシャオ

金額が違います
金额不对
jīn'é búduì
ジンアーブゥドゥイ

領収証を下さい
开发票
kāi fāpiào
カイファーピャオ

とんだ散財をさせてしまいました
让你破费了
ràngnǐ pòfèile
ランニィポーフェイラ

六	七	八	九	十
陆	柒	捌	玖	拾
liù	qī	bā	jiǔ	shí
リュウ	チー	バー	ジィウ	シイ

百	千	万
佰	仟	（萬）
bǎi	qiān	wàn
バイ	チエン	ワン

*2 数字は「大写」「小写」に分けられており、「0、1、2～」が「小写」、下の漢字は「大写」。「大写」は手書き領収書の金額や公式書類の金額、社内の財務部書類の金額などで使われます。おそらく書き間違いや見間違いを避けるためだと思われます。

酒席にて 设宴(宴席)

shèyàn(yànxí) シャイエン(イエンシイ)

こちらが接待する側の場合、あなたがお酒に弱ければ、強い人を同席させるのが得策。ゲストよりも酒に弱く、全然相手にならない…となると、中国ではかなり面子がたたないので、選りすぐりの酒飲み要員を準備するのが一般的です。

今日は何を飲みましょう？
今天喝什么？
jīntiān hēshénme
ジンティエン ホゥーシェンマ

ビール
啤酒
píjiǔ
ピィージィウ

赤ワイン
红酒
hóngjiǔ
ホンジィウ
＊中国の宴会ではワインは赤が主流

白酒 ＊1
白酒
báijiǔ
バイジィウ

中国茶
中国茶
zhōngguóchá
ヂョオングゥオチャア

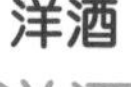

洋酒
洋酒
yángjiǔ
ヤンジィウ

紹興酒
老酒(加饭酒)
lǎojiǔ(jiāfànjiǔ)
ラオジィウ(ジィアファンジィウ)

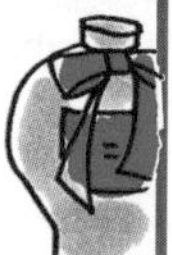

～を飲みましょう
我们喝～
wǒmen hē
ウォメンホゥー

アルコール度数は何度ですか？
酒精度有多少？
jiǔjīngdù yǒuduōshǎo
ジィウジンドゥヨウドゥオシャオ

約○度です
大概有○度
dàgàiyǒu ~ dù
ダーガイヨウ ～ ドゥ

どこのお酒ですか？
哪里的酒？
nǎlǐdejiǔ
ナーリィダジィウ

度数の高いお酒
高度酒
gāodùjiǔ
ガオドゥジィウ

度数の低いお酒
低度酒
dīdùjiǔ
ディードゥジィウ

貴州
贵州
guìzhōu
グイヂョオウ

北京
北京
běijīng
ベイジン

四川
四川
sìchuān
スゥーチュアン

桂林
桂林
guìlín
グイリン

好きなお酒は何ですか？
喜欢喝什么酒？
xǐhuānhē shénmejiǔ
シーホワンホゥー シェンマジィウ

マオタイ
茅台酒
máotáijiǔ
マオタイジィウ

五糧液
五粮液
wǔliángyè
ウーリャンイエ

三花酒
三花酒
sānhuājiǔ
サンホワァジィウ

二鍋頭
二锅头
èrguōtóu
アールグゥオトオウ

私はお酒が飲めません ＊2
我不会喝酒
wǒ búhuì hējiǔ
ウォ ブゥホイ ホゥージィウ

～を飲みます
喝～
hē
ホゥー

ソフトドリンク
软饮(饮料)
ruǎnyǐn(yǐnliào)
ルアンイン
(インリャオ)

ヨーグルト
酸奶
suānnǎi
スアンナイ

＊1 北方の人はお酒といえば「白酒(バイジィウ)」。何を飲むかというより、何度の白酒を飲むかと聞かれることが多いです。因みに北方人は度数の高いお酒を好むので、必ず強い「酒飲み社員」を参加させること。ビールやウーロン茶では、場がかなりしらけてしまいます。

酒席にて

～に乾杯
为～干杯！
wèi ~ gānbēi
ウェイ ～ ガンベイ

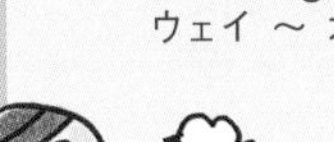

我々の健康
我们的身体健康
wǒmende shēntǐ jiànkāng
ウォメンダ　シェンティ　ジィエンカン

会社の益々の発展
公司更好的发展
gōngsī gènghǎode fāzhǎn
ゴンスゥー ゲンハオダ ファヂャン

飲み干しましょう！
干了吧！
gānleba
ガンラバ

酒に弱いです
酒量不好
jiǔliàng bùhǎo
ジィウリャン ブゥハオ

強いですね！
酒量好！
jiǔliànghǎo
ジィウリャンハオ

一気！
干！
gān!
ガン

自分が飲める分量で！
随意！
suíyì
スゥイイー

半分だけ飲む
喝半杯
hē bànbēi
ホゥー バンベイ

我が社へのご支援深く感謝します
感谢对我们公司支持！
gǎnxiè duì wǒmen gōngsī zhīchí
ガンシィエ ドゥイ ウォメンゴンスゥー ヂーチィー

お酒に強いと聞きました
听说你能喝酒
tīngshuō nǐ néngēhējiǔ
ティンショゥオ ニィナンホゥージィウ

今日は酔わないと帰さないよ！
今天不醉不归！
jīntiān búzuìbùguī
ジンティエン ブゥヅゥイブゥグゥイ

心ゆくまで酒を飲む！
开怀畅谈！
kāihuáichàngtán
カイホワァイチャンタン

まだ足りない
还不够喝！
háibúgòu hē
ハイブゥゴウホゥー

飲み過ぎです
喝多了
hēduōle
ホゥードゥオラ

後で効いてくる
后劲强
hòujìnqiáng
ホウジンチャアン

もう一杯
再来一杯！
zàilái yībēi
ヅァイライイーベイ

酔っ払い
酒鬼
jiǔguǐ
ジィウグゥイ

やけ酒
喝闷酒
hē mènjiǔ
ホゥーメンジィウ

アルコールアレルギー
酒精过敏
jiǔjīng guòmǐn
ジィウジン グゥオミン

＊2 飲めない人ははじめから飲んではだめ。中途半端に飲むと、後にひけなくなります。飲めない場合は素直に「飲めません」と宣言し、「代わりに彼、彼女が飲みます」と代打を紹介してその場をやり過ごすこと。

宴会 宴会

yànhuì イエンホイ

宴会ではこういうことを言ったら雰囲気が壊れるかな？という話題は少ないので、気軽に語りあえます。ただし、政治色の強い話はできるだけ出さないように。女性の多い席では下ネタも慎むべし。それでなくても日本人男性の好色は有名。

〜を開催します
主办〜
zhǔbàn
ヂュウバン

歓迎レセプション
欢迎招待会
huānyíng zhāodàihuì
ホアンイン ヂャオダイホイ

答礼宴
答谢宴会
dáxiè yànhuì
ダーシィエ イエンホイ

〜は好きですか？
喜不喜欢〜？
xǐbùxǐhuān
シーブゥシーホワアン

交歓会
联欢会
liánhuānhuì
リエンホワアンホイ

ワーキングランチ
工作（商务）午餐
gōngzuò(shāngwù)wǔcān
ゴンヅゥオ（シャンウー）ウーツァン

好き
喜欢
xǐhuān
シーホワアン

嫌い
不喜欢
bùxǐhuān
ブゥシーホワアン

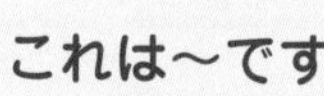

これは〜です
这是〜
zhèshì
ヂャーシイ

北京料理
北京菜
běijīngcài
ベイジンツァイ

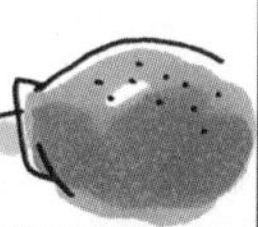

四川料理
川菜
chuāncài
チュアンツァイ

看板料理
招牌菜
zhāopáicài
ヂャオパイツァイ

上海料理
上海菜
shànghǎicài
シャンハイツァイ

広東料理
粤菜
yuècài
ユエツァイ

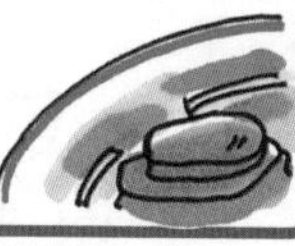

名物料理
名菜（地方风味）
míngcài(dìfāngfēngwèi)
ミンツァイ（ディーファンフォンウェイ）

皆さんゆっくり食べて下さい
请大家慢用！
qǐngdàjiā mànyòng
チンダージィア マンヨン

今日は美味しい物にありつけて運がいい！
今天有口福！
jīntiān yǒu kǒufú
ジンティエン ヨウ コウフゥ

＊1「鶏(ji)」はスラングで妓女（売春婦）を指します。「妓(ji)」と発音が似ているからですが、男性がこのように言うと、つまり大胆にも「買春しよう」という意味になるので気をつけましょう。誤解されたくなければ、かならず、「鶏」の後ろに「肉」をつけて！

宴会で盛り上がる中国通的会話

その意味は何ですか？
那是什么意思？
nàshì shénme yìsī
ナーシイ シェンマイースゥー

男性はお金を持つと悪くなる
男人有钱就变坏
nánrén yǒuqián jiù biànhuài
ナンレンヨウチエンジィウビエンホワイ

女性は悪くなると金持ちになる
女人变坏就有钱
nǚrén biànhuài jiù yǒuqián
ニュウレンビエンホワイ ジィウヨウチエン

男はワルじゃないと、もてないよ！
男人不坏女人不爱！
nánrén búhuài nǚrén bú'ài
ナンレンブゥホワイ ニュウレンブゥアイ

スラング※使用には注意！

男性が言うと

とりを食べよう！ ＊1
（ズバリ「買春しよう」の意味）
吃鸡（肉）！
chījī(ròu)
チィジィ（ロウ）

女性が言うと

アヒルを食べよう！ ＊2
（ズバリ「買春しよう」の意味）
吃鸭（肉）！
chīyā(ròu)
チィヤー（ロウ）

宴会

豆腐を（食べる）のが好き！
（「女性にひわいな話をするのが好き」の意味）
我喜欢吃豆腐！ ＊3
wǒ xǐhuānchī dòufu
ウォシーホワアンチィドォウフゥ

おもしろい
有意思
yǒuyìsī
ヨウイースゥー

つまらない
没意思
méiyìsī
メイイースゥー

くだらない
无聊
wúliáo
ウーリャオ

冗談
开玩笑
kāiwánxiào
カイワンシャオ

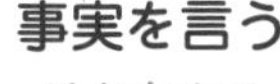

事実を言う
说实话
shuōshíhuà
ショゥオシイホワァ

発音が同じ
发音一样
fāyīn yīyàng
ファーインイーヤン

みんな知っている
大家都知道
dàjiā dōuzhīdào
ダアジィア
ドオゥディーダオ

聞いたことがない
没听说过
méitīngshuōguò
メイティンショゥオグゥオ

話ばかりでなく料理も食べて！
少说话，多吃点菜！
shǎoshuōhuà,duōchīdiǎncài
シャオショゥオホワァ,ドゥオチィディエンツァイ

お言葉に甘えて！
那就不客气了！
nàjiù búkèqìle
ナージィウ ブゥクゥチーラ

お腹がいっぱいです
吃饱了
chībǎole
チィバオラ

＊2 こちらは女性版の「買春しよう！」です。女性の方お気をつけ下さい。＊3 「豆腐を食べる」は「女性をからかう」「エッチなことを言う」の意味ですが、この訳よりものすごく下品な意味合い。ただ、中国人でもポロッと無意識に使う時があるので、知っているとつっこめますよ！

もう一軒! 再去别的地方/换个地方!

zàiqùbiédedìfāng / huàngèdìfāng ヴァイチュビエダディーファン/ホワングゥディーファン

日本で言う「二次会」ですが、中国ではカラオケ、コーヒーショップ、茶館、マッサージなどなど何でもござれ。気の合う仲間が楽しめる場所にいくのが中国風。とくにステータスはないが、基本的に賑やかな雰囲気が大好きなので、定番はカラオケ。

再去别的地方/换个地方!

今晩時間ありますか?
今晩有空吗?
jīnwǎn yǒukòngma
ジンワン ヨウコンマ

カラオケに行きましょう!
一起去唱卡拉OK吧!
yīqǐqù chàngkǎlāOKba
イーチーチュ チャンカァーラーオーケバ

もう一軒行きましょう!
再去别的地方!
zàiqù biédedìfāng
ヴァイチュ ビエダディーファン

いいですね!
好啊!
hǎo'a
ハオア

用事があります
有事
yǒushì
ヨウシイ

おすすめの店はありますか?
有没有推荐的地方?
yǒuméiyǒu tuījiàndedìfāng
ヨウメイヨウ トォイジィエンダディーファン

私の知っている店に
去我常去的店(我认识的地方)
qù wǒchángqùdediàn(wǒrènshide dìfāng)
チュ ウォチャンチュダディエン(ウォレンシイダディーファン)

ナイトクラブ
夜总会
yèzǒnghuì
イエヅォンホイ

バー
酒吧
jiǔbā
ジィウバー

ディスコ
迪斯科(蹦迪)
dísīke(bèngdí)
ディースゥークゥ(ボォンディー)

お茶する
去喝茶
qùhēchá
チュフゥチャア

何の歌を歌いますか?
唱什么歌?
chàng shénmegē
チャン シェンマグゥ

日本語の歌	中国語の歌 *1	英語の歌
日语歌	中文歌	英语歌
rìyǔgē	zhōngwéngē	yīngyǔgē
リィーユゥグゥ	ヂョオンウェングゥ	インユゥグゥ

日本語の歌しか歌えないんです
只会唱日语歌
zhǐhuìchàng rìyǔgē
ヂィーホイチャン リィーユゥグゥ

大丈夫ですよ!
不要紧!
búyàojǐn
ブゥヤオジン

*1 ナイトクラブ等でなければ日本語の曲数にも限りがあります。そこでおすすめは中国語の歌をマスターすること。中国語の歌を知っているだけで「おっ!」となります。発音や声調を気にするよりも「中国語で歌うぞ!」という姿勢が親近感を呼び、仕事にも良い影響が。

曲を選んでください
你来点一首吧!
nǐláidiǎnyīshǒuba
ニイライディエンイーショウバ

私は聞くの専門なので
我只喜欢听歌
wǒ zhǐxǐhuān tīnggē
ウォ ヂィーシホァワン ティングゥ

この曲を入れて下さい
请点这首歌!
qǐngdiǎnzhèshǒugē
チンディエンヂャアショウグゥ

私はこの曲にします
我唱这首歌!
wǒ chàngzhèshǒugē
ウォ チャンヂャアショウグゥ

うまい!
好听!
hǎotīng
ハオティン

もう一曲!
再唱一首!
zàichàngyīshǒu
ヅァイチャンイーショウ

上手ですよ!
唱得好!
chàngdehǎo
チャンダハオ

いいねえ!
不错!
búcuò
ブゥツゥオ

歌を聴かせて!
你唱给我听!
nǐchàng gěiwǒtīng
ニイチャン ゲイウォティン

★中国の曲目本は、文字数順で曲が並んでいて、
文字数 から曲を探すシステム。

もう一軒!

二文字	二文字	二文字
花 花心 huāxīn ホワァシン	乾杯 干杯 gānbēi ガンベイ	つぐない 偿还 chánghuán チャンホァワン

四文字	五文字	七文字 *1
北国の春 北国之春 běiguózhīchūn ベイグゥオヂィーチュン	時の流れに身をまかせ 我只在乎你 wǒzhǐzàihūnǐ ウォヂィーヅァイフゥニイ	私の心をうつす月 月亮代表我的心 yuèliàngdàibiǎowǒdexīn ユエリャンダイビィアオウォダシン

曲目本	人気歌手	流行曲(ポップス)
歌本 gēběn グゥベン	最红歌手 zuìhónggēshǒu ヅゥイホングゥショウ	流行歌 liúxínggē リュウシングゥ
懐メロ 老歌 lǎogē ラオグゥ	デュエット *2 二重唱 èr chóng chàng アール チョォン チャン	デュエットしましょう! 我们对唱吧! wǒmenduìchàngba ウォメンドゥイチャンバ

*1中国語初級者の定番曲。簡単な単語のみなのでだいたい歌えます。 *2ラブソング(情歌)にもデュエット曲が多いので、店によっては「情歌」も使うことがある。また「对唱」ともいう。

吉兆とタブー　吉利与禁忌
jílìyǔjīnjì ジイリィユゥジンジイ

中国人もかなり縁起を担ぎます。たとえば、開業式や開校式の日取り決めでは暦をしっかりチェックしますし、結婚式ならなおさらこと細かく調べます。「郷に入れば郷に従え」で、おめでたい時にはやはり忌み嫌われるものを避けましょう。

～を知っていましたか？
知不知道～
zhībùzhīdào
ヂィーブゥヂィーダオ

縁起物
吉祥物
jíxiángwù
ジイシャンウゥ

タブー
禁忌
jīnjì
ジンジイ

植物

ボタンとオシドリ
（富が近づくの意）
牡丹与鸳鸯
mǔdānyǔyuānyāng
ムゥダンユゥユエンヤァン

スイセン
（新年のめでたい兆し）
水仙
shuǐxiān
シュイシェン

動物

2羽のカササギ
（2つ重なった慶事）
两只喜鹊（双喜）
liǎngzhīxǐquè(shuāngxǐ)
リャンヂィーシーチュエ(シュアンシー)

オシドリとハスの実
（子孫繁栄）
鸳鸯与莲子
yuānyāngyǔliánzǐ
ユエンヤァンユゥリエンヅゥ

タブー

君はばかだ！ ＊1
你是个王八蛋！
nǐshìge wángbadàn
ニィシィグゥ ワンバーダン

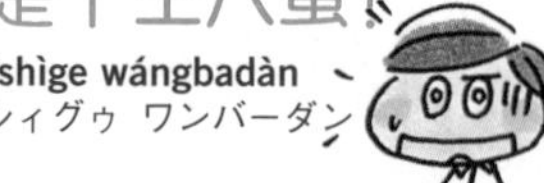

こうもり
（福をもたらす）
蝙蝠
biānfú
ビエンフゥ

色

赤色
（めでたい色）
红色
hóngsè
ホンサァ

ツルとカメ（長寿）
龟鹤齐龄
guīhèqílíng
グイホゥチーリン

黄色
（スケベ·エッチ）
黄色
huángsè
ホゥアンサァ

タブー
緑色の帽子をかぶる
（妻を寝取られるの意） ＊2
戴绿帽子
dàilǜmàozi
ダイリュウマオヅゥ

＊1 王八と言うと、「緑色の帽子をかぶる」と同じ意味になるので、気をつけましょう。　＊2 中国で、カメは「長寿」のシンボルであるとともに、「頭を縮めてしまう意気地のない男」を指す言葉でもあります。「カメ」が直接的なので、婉曲的に「緑色の帽子をかぶる」と表現されています。ですから中国で緑の帽子を被っている男性はいませんヨ！

ふさわしい	ふさわしくない
适合 héshì ホゥーシィ	不适合 bùhéshì ブゥホゥーシィ

プレゼント
礼物
lǐwù
リィーウー

タブー

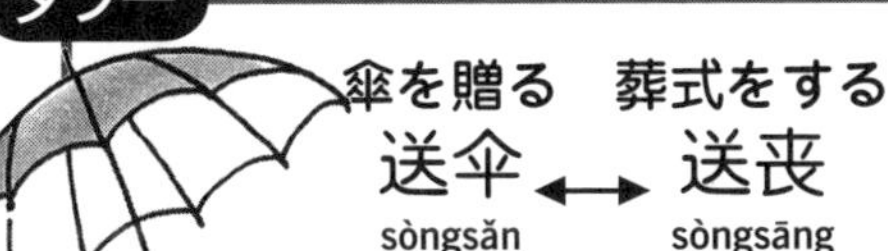

傘を贈る 送伞 sòngsǎn ソォンサン ↔ 葬式をする 送丧 sòngsāng ソォンサァン

タブー

置き時計を贈る 送钟 sòngzhōng ソンヂョオン ↔ 死水をとる 送终 sòngzhōng ソンヂョオン

食べ物

タブー

梨を分ける 分梨 fēnlí フェンリィ ↔ 離別 分离 fēnlí フェンリィ

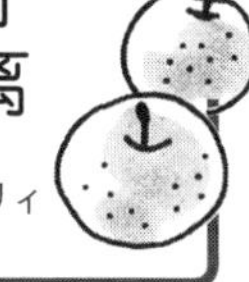

おもち 年糕 niángāo ニエンガオ ↔ 年ごとに高くなる 年年高 niánniángāo ニエンニエンガオ

ネギ 葱 cōng ツォン ↔ かしこい 聪明 cōngmíng ツォンミン

魚 鱼 yú ユゥ ↔ 年ごとにゆとりがでる 年年有余 niánniányǒuyú ニエンニエンヨウユゥ

金持ちになる
八 bā バー ↔ 发 fā ファー

数字

偶数 ＊1	奇数
双数 shuāngshù シュアンシュ	单数 dānshù ダンシュ

私は金持ちになる
五一八 wǔyāobā ウーヤオバー ↔ 我要发 wǒyàofā ウォヤオファー
＊2

タブー

250	38
二百五 èrbǎiwǔ アールバイウゥ （おばかさん）	三八 sānbā サンバー （バカ女！）

＊1 中国では偶数が縁起の良い数字として喜ばれます。 ＊2 発音が似ているので、「518」は「私はお金持ちになる」という意味。5月18日に結婚式などおめでたい行事がよく行われます。この日式場は毎年予約でいっぱい。

娯楽・文化の話題 娯乐/民间文化

yúlè / mínjiānwénhuà ユゥーラー/ミンジエンウェンホワァ

アジアの流行は中国が起点といっても過言でないかもしれません。日本の4～5年前にはすでに「韓流」ブームがあり、香港・台湾スターも中国で先にブレイクしています。中国の芸能動向を見れば、次なるブームもおのずとわかりますね。

～は大変人気があります
～很受欢迎
hěnshòuhuānyíng
ヘンショウホワァンイン

流行っている
很流行
hěnliúxíng
ヘンリュウシン

見た(読んだ)ことはありますか？
有没有看过？
yǒuméiyǒukànguò
ヨウメイヨウカングゥオ

有名
有名
yǒumíng
ヨウミン

誰でも知っている
谁都知道
shuídōuzhīdào
シュエイドォウヂィーダオ

テレビ
电视
diànshì
ディエンシイ

映画 *1
电影
diànyǐng
ディエンイン

スター
明星
míngxīng
ミンシン

俳優
演员
yǎnyuán
イエンユエン

歌手
歌手
gēshǒu
グゥショウ

追っかけ
追星族
zhuīxīngzú
ヂュイシンヅゥー

どんなお話ですか？
什么样的故事？
shénmeyàngdegùshì
シェンマヤンダグゥシイ

連ドラ
电视连续剧
diànshìliánxùjù
ディエンシイリエンシュージウ

原作
原著
yuánzhù
ユエンヂュ

任侠もの
武侠片
wǔxiápiān
ウーシィアピエン

時代もの
古装片
gǔzhuāngpiān
グゥヂュアンピエン

ラブストーリー
爱情片
àiqíngpiān
アイチンピエン

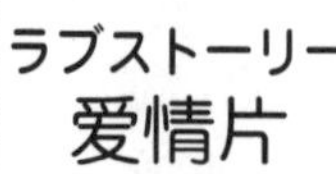

コメディ
喜剧片
xǐjùpiān
シージウピエン

ＳＦ
科幻片
kēhuànpiān
クゥホワンピエン

アクション
动作片
dòngzuòpiān
ドンヅゥオピエン

日本のアニメ
日本卡通片
rìběnkǎtōngpiān
リーベンカァートォンピエン

香港・台湾もの
港台片
gǎngtáipiān
ガンタイピエン

韓国もの
韩国片(韩流)
hánguópiān(hánliú)
ハングゥオピエン(ハンリュウ)

＊1 中国では「盗版」というコピー版がかなりタイムリーに出回っており、映画上映と同時に低価格のDVDをショップで見かけるなども当たり前。映画館で見るより、自宅で見る人のほうが多いかもしれません。ちなみにレンタル店もあります。

雑技
杂技
zájì
ザァージイ

伝統
传统
chuántǒng
チュアントォン

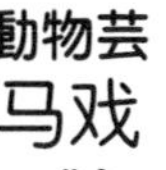

動物芸
马戏
mǎxì
マァーシー

一輪・二輪車の曲芸
车技
chējì
チャージイ

十八番
拿手
náshǒu
ナァショウ

チケットを買いに行く
去买门票
qùmǎiménpiào
チュマイメンピャオ

事前に
提前
tíqián
ティーチエン

予約
预订
yùdìng
ユゥーディン

売り切れ
售完
shòuwán
ショウワン

ショーを観る
看表演
kànbiǎoyǎn
カンビャオイエン

公演なし
停演
tíngyǎn
ティンイエン

ジャンケン　剪刀石头布　jiǎndāoshítóubù　ジエンダオシイトォウブゥ

グー
石头
shítóu
シイトォウ

チョキ
剪刀
jiǎndāo
ジエンダオ

パー
布
bù
ブゥ

拳（酒席ゲームの一種）
猜拳
cāiquán
ツァイチュエン

包青天
包青天
bāoqīngtiān
バオチンティエン
中国版「大岡越前」。テレビドラマ化もされていて、有名な人物。地黒で額に三日月マークがある。

乾隆皇帝
乾隆皇帝
qiánlónghuángdì
チエンロンホワァンディ
中国版「水戸黄門」。皇帝が身分を隠して地方を旅し、世の悪を正すストーリーが人気。最も親しみやすい皇帝の一人。

武侠小説
武侠小说
wǔxiáxiǎoshuō
ウーシィアシャオショゥオ

義理堅い
讲义气
jiǎngyìqì
ジャンイーチー

義理人情に欠けるよ
不够讲义气！
búgòujiǎngyìqì
ブゥゴォウジャンイーチー

金庸 *1
金庸
jīnyōng
ジンヨン

義兄弟
结拜兄弟
jiébàixiōngdì
ジィエバイショオンディ

仲の良い間柄
好兄弟
hǎoxiōngdì
ハオショオンディ

師匠
师父
shīfu
シーフゥ

義兄弟の契りを交わした間柄
八拜之交
bābàizhījiāo
バーバイヂィージィアオ

*1 「中国人のいるところ必ず金庸の小説あり」と言われるほどあまりにも有名な武侠小説作家。近年、日本でも翻訳本が出版されています。金庸原作のテレビ・映画も空前のヒット続きで、「金庸作品」の哲学や登場人物の心理を研究する「金学」なるものまで登場しています。

趣味・スポーツ 爱好/体育运动

àihào / tǐyùyùndòng アイハオ/ティーユゥユンドォン

各地で「日本人会」の「スポーツ＆文化系クラブ」も増えていますが、多少中国語ができるようになったら、地元の「クラブ」に参加してみては？「民族楽器」「民族舞踊」「中国料理」・・・伝統文化も驚くほど安い学費で習うことができます。

～に興味があります
对～有兴趣
duì ~ yǒuxìngqù
ドゥイ～ヨウシンチュ

今度一緒に～しましょう
下次一起～吧！
xiàcìyīqǐ ~ ba
シィアツゥイーチィ～バ

できますか？
会吗？
huìma
ホイマ

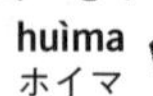

でかける
出去
chūqù
チュウチュ

デートする
去约会
qùyuēhuì
チュユエホイ

会員になる
买会员卡
mǎihuìyuánkǎ
マイホイユエンカァ

習いたい
想学
xiǎngxué
シィアンシュエ

太極拳 ＊1
太极拳
tàijíquán
タイジイチュエン

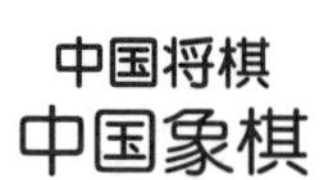

気功
气功
qìgōng
チィーゴォン

＊1 社交ダンス
交际舞（跳舞）
jiāojìwǔ(tiàowǔ)
ジィヤオジイウー（ティヤオウ）

教えて下さい
请教
qǐngjiào
チンジィヤオ

中国将棋
中国象棋
zhōngguóxiàngqí
ヂョオングゥオシャンチィ

二胡
二胡
èrhú
アールフゥ

株取引
炒股
chǎogǔ
チャオグゥ

ベテラン
内行
nèiháng
ネイハン

初心者
刚开始/外行
gāngkāishǐ/wàiháng
ガンカイシイ・ワイハン

買い物
买东西
mǎidōngxi
マイドォンシー

麻雀
打麻将
dǎmájiàng
ダァマージィアン

ヨガ
瑜伽（健美）
yújiā(jiànměi)
ユゥジィア（ジエンメイ）

興味ない
没兴趣
méixìngqù
メイシンチュ

エステ
美容
měiróng
メイロン

ゲーム
游戏
yóuxì
ヨウシー

旅行
旅游
lǚyóu
リュウヨウ

＊1 公園や川岸などで早朝集まっているのをよく見かけます。有料と無料がありますので、まずは聞いてみて。前列に先生がいてテープを聴きながら本格的に行っているグループと、自分のペースでしているグループとまちまち。

2008年北京オリンピック
2008年北京奥运会
2008niánběijīng'àoyùnhuì
アーリンリンバーニエンベイジンアオユンホイ

金メダル
金牌
jīnpái
ジンパイ

銀メダル
银牌
yínpái
インパイ

銅メダル
铜牌
tóngpái
トォンパイ

中国
中国
zhōngguó
ヂョオングゥオ

日本
日本
rìběn
リーベン

予想は？
你猜？（预测？）
nǐcāi(yùcè)
ニイツァイ（ユゥツァ）

～個
～个
gè
グゥ

注目は？
引起你的注目是？
yǐnqǐnǐdezhùmùshì
インチイニイダヂュームウシイ

選手
运动员
yùndòngyuán
ユンドォンユエン

競技
比赛
bǐsài
ビィサイ

スポーツは何をしますか？
你做什么运动？
nǐzuòshénmeyùndòng
ニイヅゥオシェンマユンドォン

～ファン
～迷
mí
～ミィ

スポーツくじ
体育彩票
tǐyùcǎipiào
ティユゥツァイピァオ

＊1
バドミントン
羽毛球
yǔmáoqiú
ユゥマオチュウ

テニス
网球
wǎngqiú
ワンチュウ

ジョギング
跑步
pǎobù
パオブゥ

マラソン
马拉松
mǎlāsōng
マァラソォン

ゴルフ ＊1
高尔夫
gāo'ěrfū
ガオアールフゥ

ギブアップ
认输
rènshū
レンシュ

ペナルティー
罚分
fáfēn
ファーフェン

ハーフ
半场
bànchǎng
バンチャアン

グリーンフィー
果岭费
guǒlǐngfèi
グゥオリンフェイ

アップダウン
起伏
qǐfú
チィフゥ

プレー料金
打球费
dǎqiúfèi
ダァチュウフェイ

キャディ
球童
qiútóng
チュウトォン

スコアカード
杆数表
gānshùbiǎo
ガンシュービィアオ

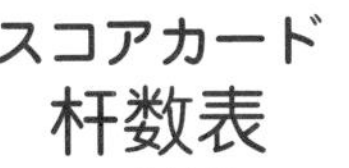

ビジター
非会员
fēihuìyuán
フェイホイユエン

カート
球车
qiúchē
チュウチャー

＊1 ゴルフは、いつの時代でも出張者＆駐在員の定番ですね。ちなみに中国のビジネスマンの間では「フィッシング」や「バドミントン」人口も多いようです。ただ、日本人のゴルフ同様、これらもコミュニケーションや情報収集の場をかねているようです。

有名人と使える成語 名人与常用成语

míngrényǔchángyòngchéngyǔ ミンレンユゥチャンユゥチェンユゥ

名言や成語を引用するのが大好きな中国人。このほか「歇後語」と呼ばれる謎かけのような成句やことわざ、しゃれ言葉など、中国語は豊富な表現の宝庫です。有名人の言った言葉もその時代の流行語や常用語としてよく使われます。

鄧小平
邓小平
dèngxiǎopíng
ドォンシャオピン
改革開放政策を推進、経済特区を設立。四川省出身。

江沢民
江泽民
jiāngzémín
ジャンザァミン
「三個代表」(3つの代表論)を提唱。湖南省出身。

毛沢東
毛泽东
máozédōng
マオザァドォン

胡錦涛
胡锦涛
hújǐntāo
フゥジンタオ

周恩来
周恩来
zhōu'ēnlái
ヂョォウエンライ
中華人民共和国初代首相。江蘇省出身。

魯迅
鲁迅
lǔxùn
ルウシュン
日本の仙台に留学。「阿Q正伝」「故郷」などの小説で日本でも有名。

孫文
孙文
sūnwén
スゥンウェン
「三民主義(民族・民権・民主主義)」を提唱。広東省出身。

諸葛亮孔明
诸葛亮孔明
zhūgěliàngkǒngmíng
ヂュグゥリャンコォンミン
「三国志」劉備に「三顧の礼」で迎えられた軍師。「天下三分の計」を唱えた。

知っていますか?	尊敬しています	ファンです	知らなかったです
知道吗?	尊敬	是～迷	不知道
zhīdàoma	zūnjìng	shì mí	bùzhīdào
ヂィーダオマ	ヅゥンジン	シイ～ミイ	ブゥヂィーダオ

孔子
孔子
kǒngzǐ
コンヅゥ
「論語」が有名。

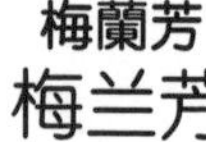

李白
李白
lǐbái
リーバイ
唐代の詩人。酒好きで有名。詩仙。

梅蘭芳
梅兰芳
méilánfāng
メイランファン
京劇史上NO.1の女形。京劇を見ない若者でも名前だけは知っているというほど有名。

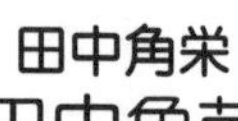

田中角栄
田中角荣
tiánzhōngjiǎoróng
ティエンヂョオンジィアオロン
「水をのむときにその井戸を掘った人のことを忘れてはいけない」と、日中友好を語るときに中国人から必ず名前があがる。

高倉健
高仓健
gāocāng jiàn
ガオツァン　ジィエン

＊1
山口百恵
山口百惠
shānkǒubǎihuì
シャンコォウバイホゥイ

＊「ことわざ」や「成語」は、日本の若い人にはなじみが薄いのですが、中国では若者でもバンバン使っています。＊1 中国でも「赤いシリーズ」で一躍有名になった彼女の人気は根強いです。潔く芸能界を引退し、家庭に入ったその哲学も賞賛され、「良妻賢母」の代名詞的存在に。

会話に使える成語

いつも～ではいけませんね
总不能～吧！
zǒngbùnéng ~ ba
ゾォンブゥナン～バ

成り行きに任せる
听天由命
tīngtiānyóumìng
ティンティエンヨウミン

何でも言いなりになる
百依百顺
bǎiyībǎishùn
バイイーバイシュン

＊1

～してほしくない
不希望～
bùxīwàng
ブゥシーワン

あれこれくだらないことを思う
胡思乱想
húsīluànxiǎng
ホゥスゥールアンシィアン

でたらめを言う
胡说八道
húshuōbādào
ホゥショゥオバァダオ

他人を利用して相手を倒す
借刀杀人
jièdāoshārén
ジィエダオシャァレン

口からでまかせを言う
信口开河
xìnkǒukāihé
シンコォウカイフゥ

心ここにあらず
心不在焉
xīnbúzàiyān
シンブゥヴァイイエン

空想たくましい
白日做梦
báirìzuòmèng
バイリィヴゥオモォン

私	あなた	彼	彼女	私たち
我	你	他	她	我们
wǒ	nǐ	tā	tā	wǒmen
ウォ	ニィ	ター	ター	ウォメン

会社
公司
gōngsī
ゴォンスゥ

どうすることもできない
无能为力
wúnéngwéilì
ウーナンウェイリィ

言葉に含みがある
话中有话
huàzhōngyǒuhuà
ホワァヂョオンヨウホワァ

だいたい同じで、細かい点だけ違う
大同小异
dàtóngxiǎoyì
ダードォンシャオイー

至れり尽くせり
无微不至
wúwēibúzhì
ウーウェイブゥヂィー

心から願う
心甘情愿
xīngānqíngyuàn
シンガンチンユエン

穴があったら入りたい
无地自容
wúdìzìróng
ウーディーヴゥーロン

賞罰が厳正である
信赏必罚
xìnshǎngbìfá
シンシャンビィファー

才能ある人をつまらないことに使う
大材小用
dàcáixiǎoyòng
ダアツァイシャオヨン

事情を熟知していて自信がある
心中有数
xīnzhōngyǒushù
シンヂョオンヨウシュー

瓜二つ
一模一样
yīmúyīyàng
イーモォウイーヤン

各々独自のやり方がある
八仙过海
bāxiānguòhǎi
バーシィエングゥオハイ

＊1「四字」フリークと言っても過言ではないほど、この「四字」を使った言葉の表現は星の数ほどです。「四文字大好き」の中国人に「四字」で是非返してあげて下さい。ちなみに「四」は「偶数」ですから縁起のよい数字なのです。

ホテル・マンションライフ 饭店/公寓生活

fàndiàn / gōngyùshēnghuó ファンディエン/ゴンユゥシェンホゥオ

ホテルでもマンションでも、水まわり、電気系統はしっかりチェック。「水は出てもお湯は出ません」「突然の長時間停電」なんてことはザラ。また周辺環境も大事なポイントです。繁華街付近では、騒音や治安の面もぜひ検討の対象に。

調子が悪いのです
不怎么好用
bùzěnmehǎoyòng
ブゥゼンマハオヨン

テレビ
电视
diànshì
ディエンシイ

電話
电话
diànhuà
ディエンホワァ

電波
电波
diànbō
ディエンボォ

空調
空调
kōngtiáo
コンティアオ

トイレ
洗手间
xǐshǒujiān
シイショウジエン

排水
排水
páishuǐ
パイシュエイ

不便です
不方便
bùfāngbiàn
ブゥファンビエン

すぐに対処してください
请立刻帮我解决
qǐnglìkèbāngwǒjiějué
チンリークゥバンウォジュエジィエ

誰かスタッフを呼んでください
请叫服务员来一趟
qǐngjiàofúwùyuánláiyītàng
チンチャオフーウーユエンライイータン

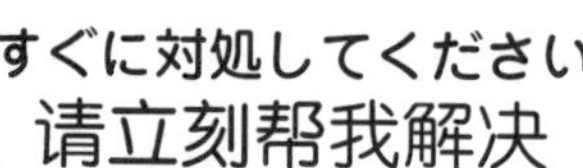

水がでない
没水
méishuǐ
メイシュエイ

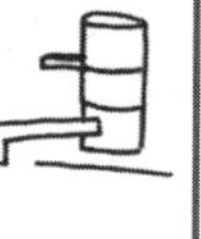

電気がつかない
没电
méidiàn
メイディエン

ネットがつながらない
上不了网
shàngbùliǎowǎng
シャンブゥリャオワン

トイレがつまる
洗手间堵了
xǐshǒujiāndǔle
シーショウジエンドゥーラ

悪臭
恶臭
èchòu
アールチョオウ

ドアが開かない
开不了门
kāibùliǎomén
カイブリャオメン

水漏れ
漏水
lòushuǐ
ロォウシュエイ

騒音
噪音
zàoyīn
ザァオイン

鍵が閉まらない
锁不了门
suǒbùliǎomén
スゥオブゥリャオメン

停電
停电
tíngdiàn
ティンディエン

漏電
漏电
lòudiàn
ロォウディエン

ガス漏れ
漏煤气
lòuméiqì
ロォウメイチィ

＊1 以前よりホテルサービスはよくなったと言われていますが、そこは中国。全国的に同等レベルを求めるのは酷というもの。従って、どんなに面倒でも必ずチェックすること。蛇口をひねったり、トイレの水を流したり、入念にチェックしておけば、あとはゆっくり休めます。

～はいかがですか？	快適です	慣れません
～怎么样?	很舒服	不习惯
zěnmeyàng	hěnshūfú	bùxíguàn
ゼンマヤン	ヘンシューフゥ	ブゥシーグアン

外国人向けマンション	物件見学	仲介業者	大家
外商公寓	看房	中介公司	房东
wàishānggōngyù	kànfáng	zhōngjiègōngsī	fángdōng
ワイシャンゴォンユゥ	カンファン	ヂョオンジエゴォンスゥ	ファンドォン

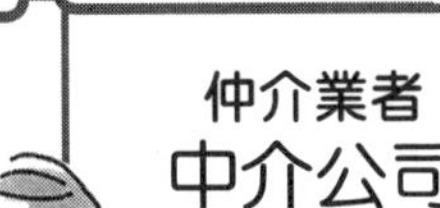

家賃	立地	環境	サービス
房租	地点	环境	服务
fángzū	dìdiǎn	huánjìng	fúwù
ファンヅゥ	ディーデエン	ホワンジン	フゥーウー

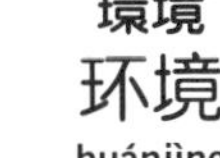

分譲マンション	分譲住宅	戸建て住宅	プラザ
公寓	小区	别墅	广场
gōngyù	xiǎoqū	biéshù	guǎngchǎng
ゴォンユゥ	シャオチュ	ビエシュ	グアンチャン

住宅難	ローン	3K	お手伝いさん
住房难	分期付款	三室一厅	保姆
zhùfángnán	fēnqīfùkuǎn	sānshìyītīng	bǎomǔ
ヂュファンナン	フェンチィフークアン	サンシィイーティン	バオムゥ

取りに来て	持って帰って	取り替えて	捨てて	呼んできて
请你过来拿	请你拿回去	请你换一下	请你扔掉	请你叫过来
qǐngnǐguòláiná	qǐngnǐnáhuíqù	qǐngnǐhuànyīxià	qǐngnǐrēngdiào	qǐngnǐjiàoguòlái
チンニイグゥオライナァ	チンニイナァホゥイチュ	チンニイホワンイーシィア	チンニイレンディアオ	チンニイジャオグゥオライ

水タンク	飲水機	コンセント
水桶	饮水机	插座
shuǐtǒng	yǐnshuǐjī	chāzuò
シュエイトォン	インシュエイジイ	チャアヅゥオ

ゴミ	セキュリティ *1	鍵
垃圾	防犯设备	钥匙
lājī	fángfànshèbèi	yàoshi
ラァジィ	ファンファンシャベイ	ヤオシィ

*1 ホテルでもマンションでも出入口にはたいていガードマンがいます。ただ、セキュリティといってもまちまちで、マンションなどはガードマンがおじいさんだったりすることもありますが、それはご愛嬌。

ストレス解消! 消除精神压力!

xiāochújīngshényālì シャオチュジンシェンヤーリィー

「ヘアーサロン」「マッサージ」「サウナ」「エステ」「ジム」などは日本よりずっと低料金。売っている洋服やショップもお洒落になってきて、以前より生活しやすくなりました。ただ、当然物価も徐々に上がってきています。

週末
周末
zhōumò
チョォウモォウ

休みの日
假日
jiàrì
ジィアリィ

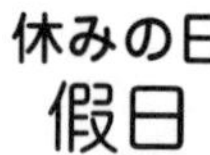

ストレスがたまる
压力过重
yālìguòzhòng
ヤーリィーグゥオヂョォン

何をしますか?
做什么?
zuòshénme
ヅゥオシェンマ

街をぶらぶら歩く
逛街/溜达
guàngjiē / liūda
グゥアンジィエ/リュウダァ

リフレッシュ
恢复精神
huīfùjīngshén
ホゥイフゥジンシェン

買い物にいく
去买东西
qùmǎidōngxi
チュマイドォンシイ

安〜い!
便宜!
piányi
ピエンイー

お金ないよ!
没钱!
méiqián
メイチエン

いくらですか?
多少钱?
duōshǎoqián
ドゥオシャオチエン

高いよ
太贵了
tàiguìle
タイグゥイラ

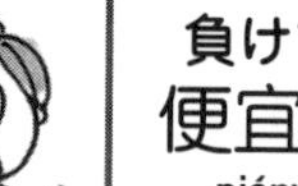

負けてよ!
便宜点!
piányidiǎn
ピエンイーディエン

休憩しよう
休息一下吧
xiūxiyīxiàba
シュウシーイーシィアバ

お茶する
去喝茶
qùhēchá
チュホゥチャア

いらない
不要
búyào
ブゥヤオ

買わない
不买
bùmǎi
ブゥマイ

コーヒーショップ
咖啡店
kāfēidiàn
カーフェイディエン

ティーサロン
茶馆
cháguǎn
チャアグゥアン

流行っている
很时髦
hěnshímáo
ヘンシイマァオ

＊1 中国は物価が安い一方、「コーヒーショップ」「ティーサロン」などではコーヒーやお茶が日本とほぼ同料金です。

～を紹介してくれませんか？
请你给我介绍～
qǐngnǐgěiwǒjièshào
チンニイゲイウォジィエシャオ

ネイルアート
美甲
měijiǎ
メイジィア

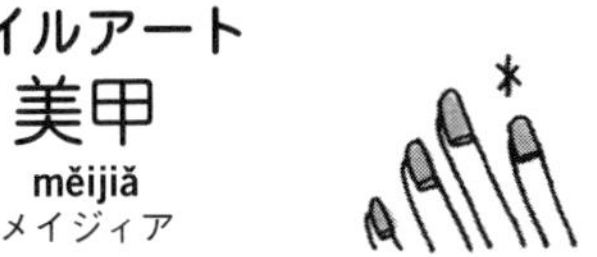

エステ
全身美容院
quánshēnměiróngyuàn
チュエンシェンメイロンユエン

足つぼマッサージ
足底按摩（洗脚）
zúdǐ'ànmó(xǐjiǎo)
ヅゥディアンモォウ
（シイジィヤオ）

＊1

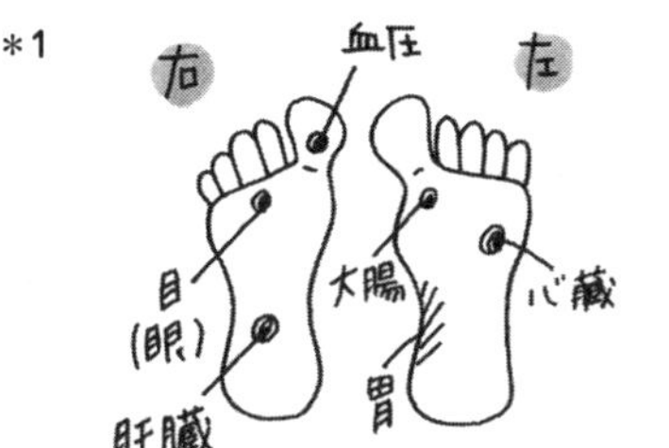

全身マッサージ
全身按摩
quánshēn'ànmó
チュエンシェンアンモォウ

盲人マッサージ
盲人按摩
mángrén'ànmó
マァンレンアンモォウ

痛い！
痛！
tòng
トォン

もっと優しく
再轻一点
zàiqīngyīdiǎn
ヅァイチンイーディエン

もっと強く！
再重一点
zàizhòngyīdiǎn
ヅァイヂョォンイーディエン

ちょうどいいよ！
正好！
zhènghǎo
ヂェンハオ

ヘアーサロン
美容美发
měiróngměifà
メイロンメイファ

カット
剪发
jiǎnfà
ジィエンファー

パーマ
烫发
tàngfà
タァンファー

いつもの担当者
和往常一样的担当
héwǎngchángyīyàngdedāndāng
ホゥワァンチャンイーヤンダ
ダンダァン

カラー
染发
rǎnfà
ランファー

この写真のように
按照这张照片
ānzhàozhèzhāngzhàopiàn
アンヂャオヂャアヂャンヂャオピエン

シャンプー・ドライ
洗吹
xǐchuī
シーチュイ

短く
短一点
duǎnyīdiǎn
ドゥアンイーディエン

熱い！
太热！
tàirè
タイラァー

～cm
～厘米
límǐ
リィミィ

ストレス解消！

暮らし

その他

週何回行く？
一个星期去几次？
yīgèxīngqīqùjǐcì?
イーグゥシンチーチュジィツゥ？

～回ぐらい
～次左右
~cìzuǒyòu
～ツゥヅゥオヨウ

よく行く
经常去
jīngchángqù
ジンチャンチュ

たまに行く
偶尔去
ǒu'ěrqù
オゥアールチュ

行ったことない
没去过
méiqùguò
メイチュグゥオ

＊1　足つぼマッサージは出張者や駐在者にとって定番。地方によりマッサージ方法も異なり、低料金のお店が多いので、出張の時などに各都市のマッサージを試し比べるのも楽しみのひとつ。

病気・体調 生病/健康状態

shēngbìng / jiànkāngzhuàngtài シェンビン/ジエンカンヂュアンタイ

外国人診察用の病院が各地にあり、会社が急患等の対処を依頼していることが多いです。大都市では日本語の通じる病院もありますが、処方や薬を間違えられては命とり。持病やアレルギーは中国語をメモして常備しておくのがベスト。

からだの具合が悪い
身体不舒服
shēntǐbùshūfú
シェンティブゥシュウフゥ

食欲がない
没胃口
méiwèikǒu
メイウェイコォウ

胃の調子が悪い
胃不舒服
wèibùshūfu
ウェイブゥシュウフゥ

めまいがする
头昏
tóuhūn
トォウホゥン

〜したほうがよい
最好〜
zuìhǎo
ヅゥイハオ〜

病院へ行く
去医院
qùyīyuàn
チュイーユエン

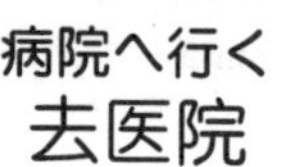

検査する
检查
jiǎnchá
ジエンチャア

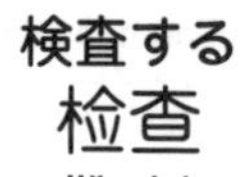

入院する
住院
zhùyuàn
チュウユエン

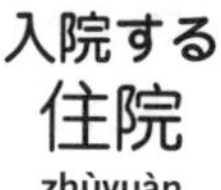

〜したい
想要〜
xiǎngyào
シャンヤオ

手術する
做手术
zuòshǒushù
ヅゥオショウシュウ

点滴する ＊1
打点滴
dǎdiǎndī
ダァーディエンディ

〜日休む
请〜几天假
qǐng ~ jǐtiānjià
チン〜ジィティエンジィア

〜の症状は？
〜的症状如何？
dezhèngzhuàngrúhé
ダヂェンチュアンルゥホゥ

ストレス
精神压力
jīngshényālì
ジンシェンヤーリィ

アレルギー体質です
是过敏性体质
shìguòmǐnxìngtǐzhì
シイグゥオミンシンティヂィー

下痢
腹泻(拉肚子)
fùxiè(lādùzi)
フゥシィエ(ラードゥーヅゥ)

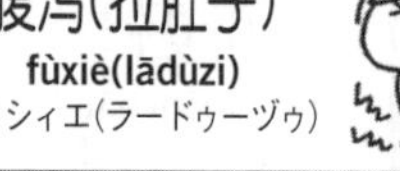

発熱
发烧(发热)
fāshāo(fārè)
ファーシャオ(ファーラー)

吐き気
恶心
ěxīn
アゥーシン

悪寒
发冷
fālěng
ファーロォン

咳
咳嗽
késǒu
クゥソォウ

貧血
贫血
pínxuè
ピンシュエ

虫歯
虫牙
chóngyá
チョオンヤァー

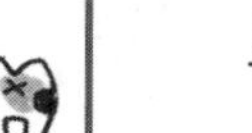

鼻づまり
鼻塞
bísè
ビィサァ

鼻水
鼻涕
bítì
ビィティ

妊娠
怀孕
huáiyùn
ホアイユン

持病
老病
lǎobìng
ラオビン

血尿
血尿
xuèniào
シュエニャオ

＊受付には一般受付と外国人受付があり、もちろん料金も違います。一般受付ではきちんと番号で並ぶことはないので、割り込まれないように気がぬけません。かえって病気を悪化させることにも…!? 外国人受付は当然のごとくすいているので、待ち時間も短くてすみます。

～が痛い ～痛 tòng トォン	～がしびれる 发麻／麻木 fāmá / mámù ファーマァ / マァモゥ	～がつる 抽筋 chōujīn チョウジン

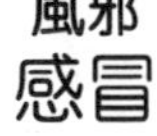

風邪
感冒
gǎnmào
ガンマオ

インフルエンザ
流感
liúgǎn
リュウガン

頭 头 tóu トォウ	耳 耳朵 ěrduō アールドゥオ	目 眼睛 yǎnjīng イエンジン	鼻 鼻子 bízi ビィーヅゥ
口 嘴 zuǐ ヅゥイ	のど 喉咙 hóulóng ホォウロォン	舌 舌头 shétou シャアトォウ	歯 牙齿 yáchǐ ヤァーチィ
肩 肩 jiān ジィエン	胸 胸 xiōng ショオン	背中 背 bèi ベイ	乳房 乳房 rǔfáng ルゥファン
お腹 肚子 dùzi ドゥーヅゥ	腰 腰 yāo ヤオ	腕 胳膊 gēbo グゥボォ	手 手 shǒu ショウ
指 手指 shǒuzhǐ ショウヂィ	お尻 屁股 pìgu ピィグゥ	肛門 肛门 gāngmén ガンメン	足 腿／脚 tuǐ / jiǎo トゥイ / ジィヤオ
ひざ 膝盖 xīgài シーガイ	性器 生殖器 shēngzhíqì シェンヂィーチィ		

肺炎 肺炎 fèiyán フェイイエン	肝炎 肝炎 gānyán ガンイエン
ウイルス 病毒 bìngdú ビンドゥー	喘息 气喘 qìchuǎn チィーチュアン

骨折
骨折
gǔzhé
グゥヂャア

アトピー
特应性皮炎
tèyìngxìngpíyán
トゥーインシンピィイエン

じんましん
风疙瘩
fēnggēda
フォングゥダァ

心配いりません 不用担心 búyòngdānxīn ブゥーヨンダンシン	異常なし 无异常 wúyìcháng ウーイーチャン

いつ薬を飲めばいいですか？ ＊2 什么时候要吃药？ shénmeshíhòuyàochīyào シェンマシイホォウヤオチィヤオ	1日～回 一天吃～次 yītiānchī ~ cì イーティエンチィ ～ツゥ	毎回　～個 每次吃～个 měicìchī ~ gè メイツゥチィ ～ グゥ	食前/食後 饭前/饭后 fànqián / fànhòu ファンチエン / ファンホォウ

＊1 今でこそ、注射の針を替えることは常識になっていますが、心配ならしっかり確認しておくこと。とくに地方では「自分が頼り」です。
＊2リクエストしない限り、たいていは「西薬」。いわゆる西洋医学での薬、錠剤です。漢方は「良薬口に苦し」･･･、手間隙かかります。

トラブル 纠纷

jiūfēn チィウフェン

「何でもあり」の中国ですが、一般的にいう「トラブル」を集めたページです。「偽造」が多い中国ですから、証明書類を無くしたら、すぐに届け出ましょう。あなたの証明書を他人が身分証明に使っていては気味が悪いですよね。

職場のトラブル

何が起きたの？
发生什么？
fāshēngshénme
ファシェンシェンマ

事故
事故
shìgù
シイグゥ

火事だ！
失火了！
shīhuǒle
シイホゥオラ

どこで？
在什么地方？
zàishénmedìfāng
ヴァイシェンマディーファン

地震だ！
地震！
dìzhèn
ディーヂェン

災害
灾害
zāihài
ヅァイハイ

工場
工场
gōngchǎng
ゴォンチャン

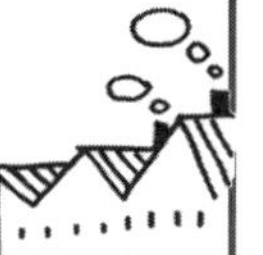

～工程
～工序
gōngxù
ゴォンシュー

～作業
～作业
zuòyè
ヅゥオイエ

機械に～
被机器
bèijīqì
ベイジィーチィ

ガス中毒
煤气中毒
méiqìzhòngdú
メイチィヂョオンドゥ

感電
触电
chùdiàn
チュウディエン

巻き込まれる
卷入
juǎnrù
ジュエンルウ

挟まれる
夹进
jiājìn
ジィアジン

～に連絡して
请你跟～联系
qǐngnǐgēn ~ liánxì
チンニイゲン～リエンシー

通訳
翻译
fānyì
ファンイー

家族
家里人
jiālǐrén
ジィアリーレン

病院
医院
yīyuàn
イーユエン

逃げろ～！
快跑！
kuàipǎo
クアイパオ

＊1
助けて！
救命啊！
jiùmìng'a
チュウミンア

急いで！
快点儿！
kuàidiǎnr
クゥアイディエァール

＊火災は119番、警察は110番通報。職場ではしっかり災害連絡系統を！ 事後処理もお役所関係も頭の痛いことがたくさん。素早く処理してもらうためには常日頃の「関係」を上手につなげておきましょう。 ＊1命にかかわる場合に使う言葉。

盗まれた	なくした
被偷了	丢了
bèitōule	diūle
ベイトォウラ	ディウラ

持っている	持っていない
拿/有	没拿/没有
ná / yǒu	méiná / méiyǒu
ナァ / ヨウ	メイナァ / メイヨウ

お金(現金)	財布	身分証明書 ＊1	クレジットカード
钱(现金)	钱包	身份证	信用卡
qián(xiànjīn)	qiánbāo	shēnfènzhèng	xìnyòngkǎ
チエン(シエンジン)	チエンバオ	シェンフェンヂェン	シンヨンカァ

携帯電話	家の鍵	パスポート	外国人居留証
手机	家里钥匙	护照	外国人居留证
shǒujī	jiālǐyàoshi	hùzhào	wàiguórénjūliúzhèng
ショウジイ	ジィアリーヤオシイ	フゥーヂャオ	ワイグゥオレンジウリュウヂェン

騙された	殴られた
被欺骗	被殴打
bèiqīpiàn	bèi'ōudǎ
ベイチイピエン	ベイオウダァ

住手! zhùshǒu チュウショオウ

やめて!

黙れ! 住口! zhùkǒu チュウコォウ

訴える	話し合う
控诉	商量
tóusù	shāngliang
コォンスゥー	シャンリャン

話せばわかる!
有话好好说!
yǒuhuàhǎohǎoshuō
ヨウホワァハオハオショォウ

～へ連れて行って下さい	～に電話して下さい
请带我去～	请你打电话给～
qǐngdàiwǒqù	qǐngnǐdǎdiànhuàgěi
チンダイウォチュー	チンニイダァディエンホワァゲイ

(名刺などを見せて)ここ
这儿
zhèr
チャアール

～会社	～ホテル	公安局	日本大使館
～公司	～饭店/酒店	公安局	日本大使馆
gōngsī	fàndiàn / jiǔdiàn	gōng'ānjú	rìběndàshǐguǎn
ゴォンスゥー	ファンディエン/ジィウディエン	ゴォンアンジウ	リーベンダァシイグアン

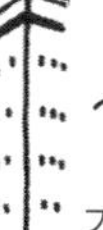

助けて下さい	一緒に来て下さい	落ち着いて!
请帮个忙!	请你跟我来	冷静点!
qǐngbānggèmáng	qǐngnǐgēnwǒlái	lěngjìngdiǎn
チンバングゥマン	チンニイゲンウォライ	ロォンジンディエン

＊1 証明書類を紛失すると、まずは現地の新聞に「紛失届」を記載してもらい、それからその新聞持参で公安局での手続きなどをせねばなりません。面倒なことが多いですから管理は十分注意しましょう。

動詞・疑問詞 动词/疑问词
dòngcí / yíwèncí ドォンツゥ/イーウェンツゥ

いつ？ 什么时候？ shénmeshíhou シェンマシイホォウ	どこで？ 在哪儿？ zàinǎr ヅァイナァール	誰が？ 是谁？ shìshuí シイシュエイ	何を？ 什么事 shénmeshì シェンマシイ	どうした？ 怎么了？ zěnmele ゼンマラ

どのように？ 如何？ rúhé ルウホゥ	どれ？ 哪个？ nǎgè ナァグゥ	どう？ 怎么样？ zěnmeyàng ゼンマヤン	どうしよう！ 怎么办！ zěnmebàn ゼンマバン

～したい 想～ xiǎng シャン	～できる 能/会～ néng / huì ナン/ホイ	～してもよい 可以～ kěyǐ クゥイー	～すべき 要～ yào ヤオ	～してほしい 希望～ xīwàng シーワァン
～したくない 不想～ bùxiǎng ブゥシャン	～できない 不能～ bùnéng ブゥナン	～してはダメ 不可以～ bùkěyǐ ブゥクゥイー	～すべきでない 不要～ búyào ブゥヤオ	～してほしくない 不希望～ bùxīwàng ブゥシーワァン

～するつもり 打算～ dǎsuàn ダァスワン	～しないつもり 不打算～ bùdǎsuàn ブゥダァスワン
～する気がある 愿意～ yuànyì ユエンイー	～する気がない 不愿意～ búyuànyì ブゥユエンイー
～であるべき 应该～ yīnggāi インガイ	～であるべきでない 不应该～ bùyīnggāi ブゥインガイ
～するのがすき 喜欢做～ xǐhuānzuò シーホワァンヅゥオ	～するのは嫌 不喜欢做～ bùxǐhuānzuò ブゥシーホワァンヅゥオ

起きる 起床 qǐchuáng チィチュアン 	寝る 睡觉 shuìjiào シュエイジィヤオ 
出かける 出去 chūqù チューチー  	戻る 回去 huíqù ホイチュー
（ドアを）開ける 开(门) kāi(mén) カイ(メン)	（ドアを）閉める 关(门) guān(mén) グァン(メン)
歩く 走 zǒu ヅォウ 	走る 跑 pǎo パオ 

日本語	中国語	ピンイン	読み
～したほうがいい	最好是～	zuìhǎoshì	ヅゥイハオシイ
～しない	不～	bù	ブゥ
～してほしい	希望～	xīwàng	シーワァン
出社する	上班	shàngbān	シャンバン
帰宅する	回家	huíjiā	ホイジィア
接待する	接待	jiēdài	ジィエダイ
訪問する	拜访	bàifǎng	バイファン
観光する	观光	guānguāng	グゥアングァン
採用する＊1	采用	cǎiyòng	ツァイヨン
管理する	管理	guǎnlǐ	グアンリィ
評価する	评估	pínggū	ピングゥ
ほめる	表扬	biǎoyáng	ビィヤオヤン
視察する	考察	kǎochá	カオチャア
驚く	吃惊	chījīng	チィージン
泣く	哭	kū	クゥー
笑う	笑	xiào	シャオ
呼ぶ	叫	jiào	ジィアオ
行く	去	qù	チュー
受け取る	接	jiē	ジィエ
送る	送	sòng	ソン
捨てる	扔掉	rēngdiào	レンディアオ
配る	发	fā	ファー
説明する	说明	shuōmíng	ショゥオミン
遊ぶ	玩儿	wánr	ワァール
疲れる	累	lèi	レイ
使用する	使用	shǐyòng	シイヨォン
利用する	利用	lìyòng	リーヨォン
触る	触摸	chùmō	チュウモウ
働く	工作	gōngzuò	ゴォンヅゥオ
休む	休息	xiūxi	シュウシー
食べる	吃	chī	チィー
飲む	喝	hē	ホゥー
忘れる	忘记	wàngjì	ワンジィー
怒る	生气	shēngqì	シェンチィー
騒ぎを起こす	闹事	nàoshì	ナオシイ
悪態をつく	骂人	màrén	マァーレン
好き	喜欢	xǐhuān	シーホワァン
嫌い	讨厌	tǎoyàn	タオイエン

＊1 人事採用の際の「採用」は、「录用 lù yòng」を使う。

噂話・感情表現 闲话/感情

xiánhuà / gǎnqíng シエンホワァ/ガンチン

彼はどんな人？ 他是什么样的人？
tāshìshénmeyàngderén
ターシイシェンマヤンダレン

カレシ
男朋友
nánpéngyǒu
ナンポォンヨウ

浮気っぽい
花心
huāxīn
ホワァシン

ハンサム
帅哥
shuàigē
シュアイグゥ

スケベ
色狼
sèláng
サァラン

ヒモ
吃软饭的
chīruǎnfànde
チィルアンファンダ

若いツバメ
小白脸
xiǎobáiliǎn
シャオバイリエン

恐妻家 *1
妻管严(气管炎)
qīguǎnyán(qìguǎnyán)
チィグアンイエン

亭主関白 *2
大男人主义
dànánrénzhǔyì
ダーナンレンヂュウイー

そそっかしい
粗心
cūxīn
ツゥーシン

お人好し
老实人
lǎoshírén
ラオシイレン

おかま
人妖
rényāo
レンヤオ

自分勝手
自私
zìsī
ヅゥースゥー

彼女はどんな人？ 她是什么样的人？
tāshìshénmeyàngderén
ターシイシェンマヤンダレン

カノジョ
女朋友
nǚpéngyǒu
ニュウポォンヨウ

小悪魔
狐狸精
húlijīng
フゥーリィチン

あげマン
有帮夫运
yǒubāngfūyùn
ヨウバンフゥーユン

さげマン
克夫
kèfū
クゥフゥー

ドブス
恐龙
kǒnglóng
コンロン

尻軽女
公共厕所
gōnggòngcèsuǒ
ゴンゴォンツゥースゥオ

女らしい
有女人味
yǒunǚrénwèi
ヨウニュウレンウェイ

嫉妬深い
醋坛子
cùtánzi
ツゥータンヅゥ

おしゃべり
长舌妇
chángshéfù
チャンシャーフゥ

朗らか
开朗
kāilǎng
カイラン

おとなしい
温顺
wēnshùn
ウェンシュン

わがまま
任性
rènxìng
レンシン

*1 発音が似ているので、病気とかけています。 *2北方の男性によく見られます。

日本語	中国語	ピンイン	読み
気持ちは？	心情如何?	xīnqíngrúhé	シンチンルゥホゥ
悲しい	伤心	shāngxīn	シャンシン
寂しい	寂寞	jìmò	ジイモォウ
孤独だ	孤独	gūdú	グゥドゥ
最悪	倒霉	dǎoméi	ダオメイ
どうだった？	怎么样?	zěnmeyàng	ゼンマヤン
うれしい	高兴(开心)	gāoxìng(kāixīn)	ガオシン(カイシン)
楽しい	愉快	yúkuài	ユゥクワイ
ホームシック	想家	xiǎngjiā	シャンジィア
つらい	难过	nánguò	ナングゥオ
ラッキー	运气好！	yùnqìhǎo	ユンチィハオ
サイコー	真棒	zhēnbàng	チェンバン
しまった！	糟糕！	zāogāo	ザァオガオ
すごい！	厉害！	lìhài	リーハァイ
頭いい！	真聪明！	zhēncōngmíng	チェンツォンミン
バーカ！	白痴！	báichī	バイチィ
頭ヘン！	神经病！	shénjīngbìng	シェンジンビン
大ばか！	王八蛋！	wángbadàn	ワンバーダン
クール！	酷	kù	クゥ
怒りっぽい	臭脾气	chòupíqi	チョオウピーチィ
人付き合いがいい	随和	suíhé	スゥイホゥ
太っ腹	大方	dàfāng	ダーファン
義理堅い	讲义气	jiǎngyìqì	ジャンイーチィ
セクシー	性感	xìnggǎn	シンガン
フェロモンムンムン	放电	fàngdiàn	ファンディエン
グルメ	美食家	měishíjiā	メイシィジィア
思いやりがある	体贴	tǐtiē	ティーティエ
温厚	温柔	wēnróu	ウェンロウ
夜型人間	夜猫子	yèmāozi	イエマオヅゥ
ドケチ	铁公鸡	tiěgōngjī	ティエゴンジイ
金持ち	有钱人	yǒuqiánrén	ヨウチエンレン
ほらふき	吹牛	chuīniú	チュイニュウ
がんこ者	牛脾气	niúpíqì	ニュウピーチィ
お邪魔虫	电灯泡	diàndēngpào	ディエンドォンパオ
下品	下流	xiàliú	シィアリュウ
一目ぼれ	一见钟情	yījiànzhōngqíng	イージィエンヂョォンチン
社内恋愛	公司内恋爱	gōngsīnèiliàn'ài	ゴォンスゥーネイリエンアイ
不倫	婚外情	hūnwàiqíng	ホゥンワイチン

引継ぎ　交接工作

jiāojiēgōngzuò ジィヤオジィエゴォンヅゥオ

「自分の面子」を大事にする中国人にとって、自分よりも「できる」後任は必要なし。逆に自分が引き継ぐ立場なら「半分できれば上出来」という感じのよう。ですので、何でも丁寧に教えようとする日本人は理解されにくいかもしれません。

～に引継ぎます
交接给～
jiāojiēgěi
ジィヤオジィエゲイ

あなた
你
nǐ
ニイ

部下
部属/手下
bùshǔ / shǒuxià
ブゥシュウ/ショウシィア

彼/彼女
他/她
tā
ター

ノウハウ
技术诀窍
jìshùjuéqiào
ジイシュージュエチィヤオ

担当した仕事
负责的工作
fùzédegōngzuò
フウザァダゴォンヅゥオ

やり残した仕事
没做完的工作
méizuòwándegōngzuò
メイヅゥオワンダゴォンヅゥオ

プロジェクト
项目
xiàngmù
シィアンムゥ

すぐに
快了!
kuàile
クゥアイラ

研修後
培训后
péixùnhòu
ペイシュンホォウ

まだ(いつかは)決まっていない
还没有决定(什么时候)
háiméiyǒujuédìng(shénmeshíhòu)
ハイメイヨウジュエディン(シェンマシイホォウ)

何か問題はありますか?
有什么问题吗?
yǒushénmewèntíma
ヨウシェンマウェンティマ

困ったことは?
有没有困难?
yǒuméiyǒukùnnán
ヨウメイヨウクゥンナン

わからないことは?
有什么不明白的吗?
yǒushénmebùmíngbáidema
ヨウシェンマブゥミンバイダマ

今はないです
目前没有
mùqiánméiyǒu
ムウチエンメイヨウ

後で出てきたら連絡します
有的话,到时候才会找你
yǒudehuà,dàoshíhòucáihuìzhǎonǐ
ヨウダホワァ、ダオシイホウツァイホイヂャオニイ

わからないことはすぐに聞いてね!
如果有什么不明白的,可随时找我!
rúguǒyǒushénmebùmíngbáide, kěsuíshízhǎowǒ
ルゥグゥオヨウシェンマブゥミンバイダ、クゥスゥイシイヂャオウォ

～は○○(人の名前)に聞いて
关于～请你找○○
guānyú ~ qǐngnǐzhǎo
グアンユゥ～チンニイヂャオ

＊ 一生懸命後任者に教えているのに「ふ～ん」と聞き流されたりするとムカっときますが、さらに憤慨することが後で目白押しです。例えば、後任者が自分の成績のために、「前任者は何も教えてくれなかったが、自分の能力だけでここまでやった」と主張するなど朝飯前です。

引き継げましたか？
交接好了没有？
jiāojiēhǎoleméiyǒu
ジィヤオジィエハオラメイヨウ

完璧に
完美无缺
wánměiwúquē
ワンメイウーチュエ

いいえ
没好
méihǎo
メイハオ

しっかりと引継ぎたいです
想交接好
xiǎngjiāojiēhǎo
シァンジィヤオジィエハオ

しかし
但是
dànshì
ダンシイ

さらに
更加/并且
gèngjiā / bìngqiě
ゲエンジィア/ビンチィエ

彼/彼女が～で順調ではない
由于他/她～，交得不理想
yóuyútā/tā ～， jiāodébùlǐxiǎng
ヨウユゥ ター/ター～、ジィヤオダブゥリィシァン

ふまじめ
不认真
búrènzhēn
ブゥレンヂェン

怠け者
懒汉
lǎnhàn
ランハン

言う事をきかない
不听话
bùtīnghuà
ブゥテインホワァ

＊1
私なんて眼中にない
不把我放在眼里
bùbǎwǒfàngzàiyǎnlǐ
ブゥバァウォファンヅァイイエンリィ

休みがち
经常请假
jīngchángqǐngjià
ジンチャンチンジィア

何か方法はありますか？
有什么办法吗？
yǒushénmebànfǎma
ヨウシェンマバンファーマ

思いつかない
想不出来
xiǎngbùchūlái
シァンブゥチュウライ

良い考えあります？
你有什么好主意吗？
nǐyǒushénmehǎozhǔyìma
ニィヨウシェンマハオヂュウイーマ

あとは～(代名詞または名前)に任せて
剩余的就交给～了
shèngyúdejiùjiāogěi ～ le
シェンユゥダジウジィヤオゲイ～ラ

あとは任せたよ
今后的一切都交给你了
jīnhòudeyīqièdōujiāogěinǐle
ジンホォウダイーチィエドォウジィヤオゲイニイラ

頑張って下さい
好好干活儿！/加油！
hǎohāogànhuór / jiāyóu
ハオハオガンホワァール / ジィアヨウ

応援しているよ！
我会支持你！
wǒhuìzhīchínǐ
ウォホイヂィチィーニイ

双方の認識のズレはできるだけ避けましょう。
尽量避免双方认识不一吧！
jǐnliàngbìmiǎn shuāngfāngrènshíbùyība
ジンリャンビイミエンシュアンファンレンシーブゥイーバ

＊1 あなたはもう後任者にとって、「職場で力をかしてくれる人」リストから抜けてしまっているわけですから、当然後任者にとって新たなる保護者(会社内で自分を助けてくれそうな権力者)探しのほうが重要なわけです。その点はかなりシビアです。

また会う日まで 再见中国

zàijiànzhōngguó ヴァイジィエンヂョオングゥオ

どんなにトラブルが多くて憤慨したことがあっても、それ以上に楽しかった思い出もあったのではないでしょうか？何事にも貪欲で、人間的に感情豊かな中国人をきっと懐かしく、恋しく思うことでしょう。

日本語	中国語	ピンイン	読み
みなさんの～をお祈りしております	祝各位～	zhùgèwèi	ヂュウグゥウェイ
お元気で！	请你保重！	qǐngnǐbǎozhòng	チンニイバオヂョオン
ご健康	身体健康	shēntǐjiànkāng	シェンティジエンカン
道中のご無事	一路顺风	yīlùshùnfēng	イールゥシュンフォン
道中の安全を	一路平安	yīlùpíng'ān	イールゥピンアン
万事思いのままに	万事如意	wànshìrúyì	ワンシイルゥイー
商売繁盛	生意兴隆	shēngyìxīnglóng	シェンイーシンロォン
金持ちになる	恭喜发财	gōngxǐfācái	ゴンンシーファーツァイ
私は～します	我准备～	wǒzhǔnbèi	ウォヂュンベイ
帰国	回国	huíguó	ホゥイグゥオ
転任	调职	diàozhí	ディアオヂィ
退職	退职	tuìzhí	トゥイヂィ
私のためにしてくれたことすべてに	为我做的一切	wèiwǒzuòdeyīqiè	ウェイウォヅゥオダイーチィエ
面倒をみてくれて	对我的关照	duìwǒdeguānzhào	ドゥイウォダグアンヂャオ
気にかけてくれて	对我的关心	duìwǒdeguānxīn	ドゥイウォダグアンシン
みなさんによろしく	问大家好！	wèndàjiāhǎo	ウェンダージィアハオ
さようなら *1	再见	zàijiàn	ヴァイジィエン
感謝します	感谢你～	gǎnxiènǐ	ガンシィエニー

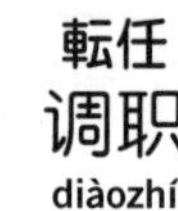

何事にもさよならはつきもの。さよならのない宴席はない。

天下没有不散的筵席

tiānxiàméiyǒubúsàndeyànxí

ティエンシィアメイヨウブゥサンダイエンシー

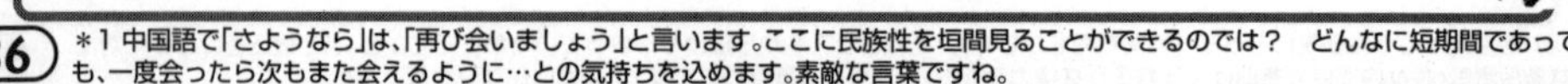

*1 中国語で「さようなら」は、「再び会いましょう」と言います。ここに民族性を垣間見ることができるのでは？　どんなに短期間であっても、一度会ったら次もまた会えるように…との気持ちを込めます。素敵な言葉ですね。

中国でビジネスを成功させるために

“第2部”では、中国ビジネスにおける
コミュニケーションのコツを解説しています。
メール、ＦＡＸで使えるビジネス文書の書き方実例も収録しました。

中国的ビジネスのコツ

1 中国的ビジネス慣習

中国ビジネスで重要な「関係」って何？

中国ビジネスにマニュアルなんてない！ と中国大陸で叫んでいる方、たくさんいますよね。かくいう私もそのひとりです。

中国ビジネスは「人」と「人」との付き合い、いわゆる「関係」と中国語で呼ばれるものが大きな役割を担っています。この「関係」はマニュアル的に築けるものではないため、日本人が大変苦労するわけです。「関係」はよく日本語で「コネ」と説明される場合もあるため、一部拒絶反応を起こされる方もいます。しかしそのニュアンスもたしかにありますが、決して「コネ」そのものではないし、「コネ」とまとめてしまうには語弊があり過ぎます。

さらに、これは大企業だから築ける、保てるというものでもありません。会社対会社ではなく、あくまでも「個人」と「個人」との「関係」を指しているからです。すべてに「人」がついてまわるわけで、よくも悪くもすべて「人」次第なのです。

大変うらやましいことに、中国人は長年の駆け引きの経験から、その「関係」の築き方を自然と身につけています。「関係」があれば、未来は明るく、さほど苦労せずに、世渡り上手になれるわけですから、「関係」があるか否かはある意味、死活問題。当然、重視しますし、この「関係」を上手に利用しようと思うのは当然のことです。ただ、この「関係」は、言葉という壁を取り払っても私たち外国人にはなかなか理解しづらく、築きづらいものでもあります。

ホテルで悪戦苦闘の日々

以前、私が中国の某ホテルに営業職として勤めていた頃の経験を、中国ビジネスの一例として紹介します。このホテルでは外国籍スタッフは私ひとりしかいませんでした。何の「関係」も持たないまま、本当にフラッと応募して採用されたわけですが、当初は憤慨することばかりでした。中国語は多少話せたものの、実際に中国社会で働くのは初めてで、「何これ？」と思う毎日。おまけに観光地のホテルでしたので、ゲストの大半は日本人観光客。日本人がサービス面での要求がとても高いのはご承知の通り。サービスに関して悪評高き中国人相手といえども容赦なくその対象になるわけで、それこそ毎日クレームの嵐、オンパレードでした。

ところがスタッフはクレーム慣れしていて、サービス精神どころか「日本人って気が短いね」「こまかいなあ！ そんなこと、どうでもいいじゃない」などなど、相手に問題があるかのような口ぶり。私がマシンのごとく「申し訳ございません」と謝り続けていても、その横でまたゲストとスタッフがもめているといった状況でした。どんなに口をすっぱくして言っても、「うんうん、わかったよ。ほらほら！ そんなに怒ったら体に悪いよ」ですから、脱力です。

最初の半年はストレスだらけの毎日でした。自分は日本人が求めているサービスを理解できているのに、それが提供できないもどかしさ、歯がゆさは本当につらいものでした。

中国的ギブ＆テイクとは？

では、そのような悶々とした日々をどのように打開していったかといいますと、ズバリ例の「関係」にいきついたわけです。

まずは実務と一番かかわりがあり、ホテルの顔でもあるフロントスタッフと「関係」を築くことからはじめました。時間があれば彼らスタッフのところにいき、あれやこれやと仕事以外のくだらない話をしてみたり、毎日のように夜食を食べにいったり、休みの日に出かけたり…。夜食を食べに行くといっても、彼らはシフト制での出勤で、私は通常通りの勤務形態。夜の12時から２時まで彼らと夜食を食べにでかけ、朝５時にはゲストの見送りのため出勤し、夜10時ごろまで勤務という日の連続です。土、日もなく、まさにプライベートを犠牲にしての過酷な毎日でした。それでも一緒に食事をして、お酒が入ると、仕事の話やスタッフの不満がボロボロ出てくるわけです。ただし、1、2回食事したぐらいで「そもそもサービスとは？」などと能書きをたれては、次回につながりません。まずは相手の話を聞き、自分も同じラインに立つことからはじめ、それから少しずつ自分の考えを相手に伝えていったのです。

これを各主要部門でくり返し、ことがスムーズに進むようになるまで半年から1年くらい。もちろん、ただ食事に行っただけではなく、それ以外にもたくさんのことを彼らと一緒に経験したわけですが、その話はここでは省きましょう。

さて、「関係」を築くための布石には時間がかかりましたが、この「関係」が築ければ、あとは不思議なくらい順調にことが運びました。

まずクレームの対処スピードが変わってきます。以前は「今すぐね」と頼んで1時間かかったものが「2～3分」でやってくれるようになり、クレーム率もぐんぐん減りました。そしてスタッフがゲストに感謝されることが多くなり、スタッフの意識も少しずつ変化していきました。感謝されると、ホテルより金一封がスタッフに支給されますから、当然、彼らスタッフを前面に出してあげることも忘れてはいけません。「自分が」という気持ちよりも、まずはじめに「スタッフありき」の精神です。

もちろん、スタッフがゲストに責められ困っているときも、すばやく対応してあげます。まさに「ギブ＆テイク」の関係です。お互いに相手のためにできることを最大限にしてあげる。この関係がグルグル回ってこそ、本当の意味で「関係」が築けたことになるわけです。

力強い後ろ盾～管理者のあるべき姿とは？～

このように、実務スタッフ同士の関係がよくなり、日本の旅行社でもホテルの評判が上がると、ホテルのトップ（GM）も悪い気持ちはしませんよね。徐々に私の仕事を認めてくれ、会議やスタッフ会食でも見方が変わり、「よくやっている」とお褒めのお言葉をいただきました。

この、まさに「鶴の一声」で各部マネージャークラスも私の存在を無視できなくなったわけです。これまで何をいっても「それはいいことだけど、コストがねえ」「まっ、そのうち考えましょうよ」と言葉を濁していたのに、「そうだね、そうしてみようか」と180度の方向転換です。悔しいですが、「トップとの関係がよい」ので、「私の意見に同調していれば問題ない」、「機嫌を損ねてはいけない」と思うらしいのです。それはそれで問題なのですが、何はともあれ結果がドンドンついてきて、仕事がよりスムーズに運ぶようになりました。

トップの考え方や見方はすぐに会社の中に浸透します。私にその気持ちがなくても、私の仕事をトップが認めている以上、私の発言はトップの理解を得ていると見られます。極端に言えば「私の発言」は「トップの発言」になるわけです。これはある意味大変恐ろしいことです。

この経験は別の意味で教訓になりました。管理者が持つ人間関係は、想像以上に社内の人間関係に影響を与えます。特定のスタッフと深く付き合うと、みなそのスタッフも管理者と同格だと誤解してしまうことがあるのです。特定の部下と親しくすることは、無意識のうちに他のスタッフに「この人は私の手足だからね」と言っているようなもの。その意思がないときは、言動に注意しなくてはいけません。

やはり「郷に入りては、郷に従え」

当時、私が「日本人」であることや「職位」を前面に出してスタッフに指示し、思うようにいかないときに怒鳴ってばかりいたら、納得のいく結果は得られなかったと思います。食事などのモノでつるなんて不当だと思う方もいるかもしれませんが、ここで大事なことは食事でなく、食事を通して「関係」を築くことにあります。しかも私が一方的におごっていたわけでなく、持ちまわりです。たとえば10人いたら、9回はご馳走になるわけです。それにこの「関係」は決してお金では買えません。参加するだけでなく、「相手を理解しよう」と思う気持ちが大切だからです。しっかり観察して、ひとりひとりの性格を見極めるのです。

「関係(コネ)」というと、一部の日本人はすぐに拒絶反応を示しますが、「関係」は「人」と「人」とのかけひき。中国ビジネスの基本なわけです。この「関係」なしで、中国ビジネスは語れません。

とはいっても、中国語がまだ話せない段階では、なかなかこの「関係」を築くのが難しいと思っている方もいるでしょう。たしかにそれはそうなのですが、たとえば通訳を介してでも、相手によいイメージを与えることはできます。しつこいようですが、「人」が基本なのです。必ず「熱意」や「誠意」は伝わります。日本のように、ただ黙って座っているだけで伝わるものではないので、必ず行動で示してくださいね。

2 実践的「関係」づくりの話題

では、次は社外の方などとこの「関係」を築いくために、どんな会話をすればよいのかを、私の体験からお話ししたいと思います。ここで想定しているのは政府機関の公式な宴会やフォーマルな会食ではなく、日常業務上の食事会(飲み会)です。公式なものはあくまでも表面的なものですから、「関係」を深めることは難しいのです。

(1)何が何でも接点を見逃すな!

仕事に直接関係ないジャンルでもかまわないので、何かしらの接点をもつことです。また同席者が同じ業界ではないからといって「知り合わなくてもいいや」と思うのは中国的にはご法度。

たとえその相手が仕事的にまったく関係のない人だとしても、その人の親戚は？　友人は？　そのまた友人は？…と、人間関係を追っていけば必ずどこかで接点があるはず。気が遠くなる話ですが、なにぶん4000年以上の歴史をもつ国ですから、「ものの見方」も違いのです。でも、これはとても大事なこと。そして、その中でもさらに個別で同等の価値観をもつ接点を見つけ、その点をやがて線にして、最後に円をつくるようにして、関係を築いていけばよいのです。

(2)誘いは断らない

食事会やカラオケなどのお誘いには、できるだけ参加しましょう。体力的にもきついですし、スケジュールの問題もあるでしょう。なぜ業務時間外に…と思うかもしれませんが、「自分への投資」と、重い腰をあげてください。いずれ、「ああよかった」と思うときが必ずやってきます。

(3)ギブ&テイクの精神を

誘われるばかりでは何となくバツが悪いようでしたら、必ず誘い返しましょう。食事でもカラオケでもスポーツでも、何でもありです。誘われるだけでは、対等の「関係」ではありません。「上下関係」ではうっとうしく、面倒なだけで、害あって利なしです。これは前述しましたが、会社の大小ではなく、「人」対「人」ですから、本来対等でなくてはならないのです。

(4)とにかく話しかける

飲み会や食事会に参加したはいいけど、「壁の花」になっていること、ありませんか？　隅のほうで黙って静かにしているようでは、中国では参加しないのと変わりありません。できるだけ話題をつくり、場を盛り上げる努力をしなくては!　ただの飲み会…、と侮ることなかれ。中国ビジネスの舞台は、まさにこの「食事をして飲んで騒ぐ宴会やカラオケ」にあるのですから。

3 接待で使える会話例

いよいよ接待、もしくは相手を招待しての食事会となりました。その席でどのように話題を広げ、コミュニケーションをとればよいのか、私の経験を参考までにご紹介します。

今どき、相手にとっても外国人は珍しくないですし、まして中国に進出している日系企業はたくさんあります。相手もたくさんの日本人に会っているかもしれませんよね。まずは自分をしっかり印象づけることが必要です。

(1)出身地の話題を探そう！

先方の出身地と関連する話題を探します。相手が江蘇省の方でしたら、私も留学地が江蘇省でしたので、より細かく江蘇省のどのあたりかを尋ねたりと、地元ネタで盛り上がれます。

また地方でしたら、先方とちょっとした方言で話し、親近感を与えます。ひと言でもかまいません。方言は予想以上の効果を生み出します。ただ、地方方言は難しいので、なかなかこれは苦労しますが…。

次に、相手の出身地に旅行などで訪れたことがある場合はそのときの話をし、訪れたことがない土地でしたら、その土地の名産を話題に出します。歴史的な名所旧跡の話でもいいのですが、それよりもやはり食に関する話題のほうが、肩の力が抜けて、先方ものってきやすいようです。ただ、西安や北京のように世界的に有名な名所旧跡群を抱える土地出身の方は、やはりプライドがあるので、話題として触れてあげないと不快になるという場合もあります。少し触れてみて、相手の出方を見ることが肝心です。

(2)出身地気質もお忘れなく！

日本の「カカア天下」や「亭主関白」同様、中国にも地方独特の気質があります。

一般的に北方は「率直」「思ったことを口にする」「根にもたない」…といわれ、北方男性は亭主関白の代名詞になっています。一方で、南方は「口と心は違う」「シビア」「よく気がつく」といわれ、また女性が男性より強いことで有名です。さらに、上海出身男性は家庭思いで、女性受けがよく、旦那さんにしたいNo.1！　それが原因なのか、他地区出身の男性から評判が悪いのです。四川女性はとうがらしのせいでしょうか。「辣妹子」といわれ、気性が激しいことで知られています。広大な中国のこと、すべてが型にはまるわけではないのですが、話の種にはなります。

(3)グルメは万国共通語！

食事つきで雑談することも多いので、自分のゲテモノ食いの体験談や、食べ物の嗜好の話をします。お互い辛いもの好きなら、辛さ自慢になったりします。そしてその延長線として「それなら今度四川料理に行こう、火鍋に行こう」となり、「次回も会う意志がある」と確認できるわけです。

ちなみに私はゲテモノ系はまったくだめで、食事で出ても手をつけません。「失礼になりませんか？」とよく日本人の方に聞かれますが、「食べて気持ち悪くなって吐いちゃったほうがよっぽど失礼」と思いませんか？　一度、二度の付き合いで終わるわけではないので、逆に「大好きです」なんて言ってしまったら、次からとめどなく「ゲテモノ会席」になってしまうかもしれません。それだけはごめんですから…。

(4)趣味・スポーツの話題

ゴルフは駐在員の方の定番ですが、相手も全員ゴルフをするわけではないですし、スコアなどの話題は面子にかかわりもするので、無難な話題をおすすめします。茶道、象棋(中国将棋)、楽器、絵画など、自分自身の習い事体験をユーモラスに語るのもいいですね。また中国の歴史や文化(『三国志』もありますよね)に興味のある方は、その話題でもOKです。

(5)失敗談も「おいしい材料」！

上記の接点を見出せなかったり、また何度も会っている相手の場合、私は自分の失敗談や苦労話をするようにしています。外国人(日本人)であることを逆手にとり、それが原因で失敗したことや経験したことを話題にします。

逆にこちらから触れるべきでない話題は、政治的なもの、また戦争関係に触れるものです。とくに話題であがることはめったにないと思いますが、親しくなるにつれ、時として話題に出ることもあります。ここでの私のご忠告は「口は災いのもと」。話さなくてもいい話題は極力避けるべき。まして自ら口に出して墓穴を掘るようなことだけはやめましょう。とても敏感な問題ですから、自分の意思をきちんと伝えられるようでしたらいいのですが、中途半端に伝わって相手の気分を害した場合、ビジネス上では取り返しがつきません。

これらの話題は相手が触れてきても、慎重に答えてください。口を挟まずにすみそうな「流れ」でしたら、それで流してしまいましょう。この場合は「聞かざる、言わざる」です。

4 すべてがコミュニケーションの道具

本書では、ビジネス用語以外でも、さまざまな言い回しや単語を紹介しています。また、70ページや第3部では、四字フレーズや成語にも触れています。

中国語を習いたての頃は難しいかもしれませんが、少し勉強して簡単な日常会話ができるレベルに達したときには、ぜひご活用ください。中国人的発想ですよね(笑)。でも、もちろん本書は「指さし」ですから、指をさすだけでも相手の中国人はきっと喜んでくれると思います。

では具体的にどんな場面で使うのか？　となりますが、日本語でたとえるなら「講釈をたれる」といったところです。本来なら簡単な単語で話せるものを、わざわざ小難しく、いかにも重みをつけて話すわけです。でもこれ、使い出すとけっこうはまりますよ！

たとえば、本書中の24ページで「人在江湖、身不由己」(ままならないこともある)を紹介しています。これは先方が仕事の不満などで「思うようにいかない」と愚痴をこぼした際にかけてあげられるフレーズです。

ホテル勤務時代の交渉相手は、ご年配の方が多く、外見だけ見れば「ただの何もわからない外国人小娘」の私が、交渉の場で有利、または同等の立場にもっていくのはたやすいことではありませんでした。先方は経験豊富な交渉の達人ですし、私は本当に「ひよこ」程度の扱い……。

でも、何気ないひと言で相手の見方が変わることも多々ありました。

たとえば、「お給料が少ないのに仕事は大変。どうしてそこまで一生懸命働くのですか？」と聞かれたら、「**没办法**(仕方ない)」ではなく、「人在江湖、身不由己」をあえて使うと、「そんな言葉まで知っているの？　この娘もしかして中国通？」と「ただの小娘」から「なかなかあなどれない娘さん」に、先方の見方が変わります。

このように辞書やテキストになく、生活の中で体得した言葉はビジネスの場面でも効果絶大。広い範囲でたとえるなら、流行語もそうですし、テレビや映画のセリフだって、使いようによっては相手に「中国通」だと思わせることができます。

多少大げさでもかまいません。とにかく相手に「一筋縄ではいかない」ということを印象づけるのです。とくに第1印象が肝心です。

仕事で中国と深いかかわりをもつようになると、中国人の心には「容赦なく落ちていく底なしの沼」や、「引きずり込まれそうな流砂」があり、時として、果てしなく広がる砂漠をあてもなく歩いているかのような錯覚に襲われるかもしれません。事実、中国人が何を考えているのか、まったく理解に苦しむことも多いかと思います。

これから中国大陸で、この人間くさく、パワーあふれる人民に一緒にぶつかっていく同志として、皆さんにひと言！　この言葉を捧げます。

「退一歩、還闊天空(一歩譲れば、視界が開けますよ！　物事はまた好転するでしょう!)」

これは私が仕事に行き詰っているときに、中国人の友人から言われた言葉です。

押すばかりでなく、たまには引いてみるのも手。引いてみると、今まで見えていなかった別の局面が見えてくるといいます。

あせらずに、何事も根気よく！　皆さんも明日から「一歩下がって」ビジネス交渉してみませんか？

中国語の発音

中国語は口を大げさなくらいに動かして発音するのが特徴です。「下手な役者」がセリフを話すときのようなオーバーアクション精神で。

もちろん発音をしっかり勉強することは大切ですが、中国人がひとつひとつの発音を大切に話しているか？　というと、そうでもありません。地方には方言が星の数ほどありますから、きれいな発音で「標準語（普通語）」を話すのは、ズバリ外国人ぐらいです。ですから、少しくらい発音が違っても、相手は「なまりがきついなあ」ぐらいの認識でしかないので、大胆かつずうずうしく、どんどん中国語を使ってみてください。

また、発音にばかりこだわっていると、言葉をひとつひとつ区切って話すようになってしまい、「発音のために話しているのか」、「話がしたくて発音しているのか」わからなくなってしまいます。中国語は、生かすも殺すも「発音」ではなく、「リズム」次第。多少の間違いはリズムで強引に通じさせてしまうくらいの割り切りも大切ですよ。

この本の目的は、「コミュニケーション」にあります。難しい説明は抜きにして、実際にどう発音するかにポイントを絞り、簡単に紹介したいと思います。

1 母音

（1）単母音

「**a**」…日本語の「ア」よりも思いきり口をあけてください。「あごがはずれるかも…」というくらいで練習してみてください（本当にはずさないで下さい！）。

「**e**」…まず、日本語の「エ」の唇の形をとります。「エー」と発音しながら、唇の形は変えずに「ウー」。喉の奥からからあまりきれいでない、にごった「ウー」が聞こえたらＯＫ。

「**u**」…日本語の「ウ」よりも唇を前に出してもっと丸くしてください。前に出して、横からみると唇が前に出て、とがった感じです。

「**o**」…日本語の「オ」よりも、さらにさらに唇を前に出す気持ちで。「ＯＨ」に近い感じを意識して口の筋肉を最大限に動かしてみて！

「**i**」…唇を左右に引っ張りして日本語の「イー」の発音。よく子供が「イーだ！」と言いますよね。あのイメージです！

「**ü**」…最大の難関です。口をすぼめ、「ｉ」を発音します。唇をすぼめた状態。横笛や尺八、フルートを吹いたりする唇の形で、かつ左右に引っ張って「イー」。聞こえてくる音は「ユ＋イ」にちかい「ユィ」になります。

（2）そり舌母音

「**er**」（アル）…「a」と「e」の中間の発音です。舌先を上に巻き上げましょう。

（3）複合母音

●二重母音

「ai」（アィ）、「ei」（エィ）、「ao」（アォ）、「ou」（オゥ）……前の母音に力をこめて強調して発音し、そのあとの母音は軽く流す程度で。

「ia」（ィア）、「ie」（ィエ）、「ua」（ゥア）、「uo」（ゥオ）、「üe」（ユゥィエ）
……後ろの母音を強調、前の部分は軽く発音。

●三重母音

「iao」（ィアォ）、「iou」（イォウ）、「uai」（ゥアィ）、「uei」（ウェイ）
……大きく表記してある部分を強調するような気持ちで発音してみましょう。

2 子音

子音は21種類あり、それを唇や舌の使い方で６つに分類する場合もあります。6ページに早見表がありますので、ご参照ください。

なかには、「そり舌音」のように日本語にはない発音もあり、これらをひとつひとつ丁寧に発音していると、センテンスで話せるようになるのはいつのことやら…、と目の前が真っ暗になってしまいます。

しかし、たとえば中国でも、この「そり舌音」を皆がしっかり発音しているわけではありません。南方の人は日本人と発音が似通っているので、この「そり舌音」を苦手としています。

3 有気音と無気音

中国語には息を瞬時に強く出して発音する「有気音」と、息を殺して発音する「無気音」があります。「有気音」は口の前に手をあてた際に息が吐き出され、しっかりとかかるようなイメージです。ジャイアント馬場の「アッポッー」の「ポッー」に近い発音です。「有気音」をしっかり息を出して発音しないと、「無気音」との区別が微妙になりますので気をつけましょう。

「有気音」…「ｐ」「ｔ」「ｋ」「ｑ」「ｃｈ」「ｃ」
「無気音」…「ｂ」「ｄ」「ｇ」「ｊ」「ｚｈ」「ｚ」

以上、簡単に発音に触れましたが、基本のポイントをしっかりつかんで、あとは中国人の「生」の発音をきき、微調整していきましょう。

また、本書には中国ビジネス初心者が、着いたときからすぐに使えるようにカタカナ表記もしてあります。でも、本当は中国語を習いはじめたばかりの方にも、ピンイン発音をおすすめします。微妙な発音のニュアンスは日本語では表記できませんし、実際に中国人が話すのを耳で聞き、覚えていったほうが、結果的にはしっかりと発音が身につきます。

中国語の声調

中国語には4種類のイントネーションがあり、「声調」または「四声」と言います(6ページの早見表を参照)。

中国語はこの「声調」によって意味が変わってくるので、日本人には厄介なもの。日本語にはこの「声調」ほど激しい抑揚がありません。日本語を日本舞踊のような緩やかに流れる踊りにたとえると、中国語は「サンバ」「タンゴ」などのラテン系ダンス。単調なリズムでは相手に思いが伝わらないので、ここでも「オーバー」なくらいのリズムが要求されます。

第1声…「ā」

高く、平らに伸ばします。この1声が低いと、2声、3声を出すのが苦しくなるので、できるだけ高い音を出し、それを安定させて平らに伸ばします。この1声を高い音で出せば出すほど、他の声調と差が出て抑揚がつけやすくなり、きれいに聞こえます。

第2声…「á」

すぐに音を尻上りに引き上げます。「えっ？本当？」と聞き返す「えっ？」に似ています。そこを「ええ？」と重ねるくらいの間が必要です。

第3声…「ǎ」

がっかりしたときや気持ちが沈んでいるときの「あーあ」に似ています。音を思いっきり低く押さえ込んでください。低く、低くを意識して!

第4声…「à」

音を高いところから一気にドーンと落とすように。まさに清水の舞台から落下させるように、「音」を一気に落とします。低い音からではなく、高い音から落とさないとこの4声にはなりません。夕焼け空のカラスの一声「カァ」をお手本に!

この他に**「軽声」**があります。これは前の音に軽く添えた調子で、声調記号をつけません。

また、声調の組み合わせで**「変調」**になることもあります。たとえば、次のようなものです。

●第3声十第3声で、第2声十第3声に変調。
●第3声十第3声以外では、第3声は前の低い部分だけ発音し、尻上りの部分は発音しません。
●「不」と「一」では、変調があります。「不」は後ろに第4声がくると、2声に変調します。「一」は後ろに第4声がくると第2声に変調します。

これらも、やはり「習うより慣れろ」。はじめのうちは、この声調のせいで意図が伝わらない場面もあるかもしれません。たとえば、レストランで「スープ(**tāng**)」を頼んだつもりが、実際は「アメ(**táng**)」が出てきてしまったとしても、それはご愛嬌。失敗を恐れていては上達できません。

ビジネスにすぐに役立つ文例集

現在、中国ビジネスの場面でも、手紙やFAXよりEメールを使ったやり取りのほうが一般的になってきました。

中国語の入力方法には「ピンイン入力法」と「五筆入力法(部首入力)」がありますが、外国人はピンインから中国語を覚えるのが一般的ですので、前者が主流です。

さて、ここでは簡単にどのような要素を含めるべきかについて説明します。

ビジネスEメール(基本例文)

ビジネスメールの内容は日本語メールとさほど変わらずに、用件がしっかり組み込まれていればいいので、それほど、神経質にならなくても大丈夫です。

①件名:
基本的には本文が何について書かれているのかを先方に知らせるものですので、特別中国語だから、ということはありません。

②相手先氏名(宛先):
スペースをあけずに1文字目から書き出します。相手先の会社名を入れる場合もあります。

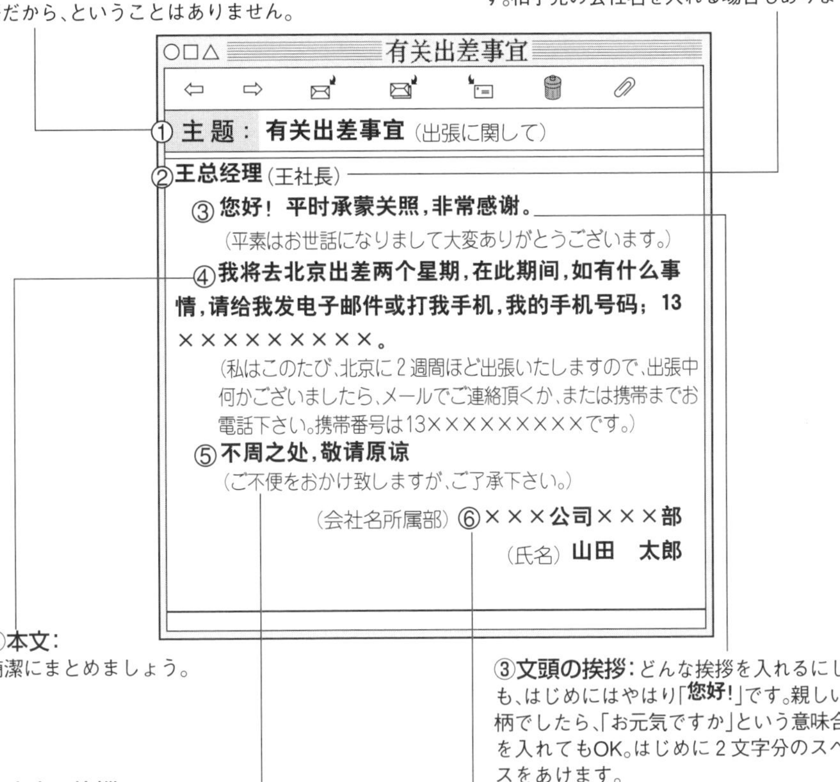

④本文:
簡潔にまとめましょう。

③文頭の挨拶: どんな挨拶を入れるにしても、はじめにはやはり「**您好!**」です。親しい間柄でしたら、「お元気ですか」という意味合いを入れてもOK。はじめに2文字分のスペースをあけます。

⑤文末の挨拶:
とくに決まった形はありませんが、「よろしくお願いします」や「お返事をお待ちしております」といった言葉が一般的です。

⑥署名:
差出人の会社名や氏名を、行の右によせて書きます。

ビジネスFAX文書(基本例文)

メール内容と比較できるよう同じ内容になっています。

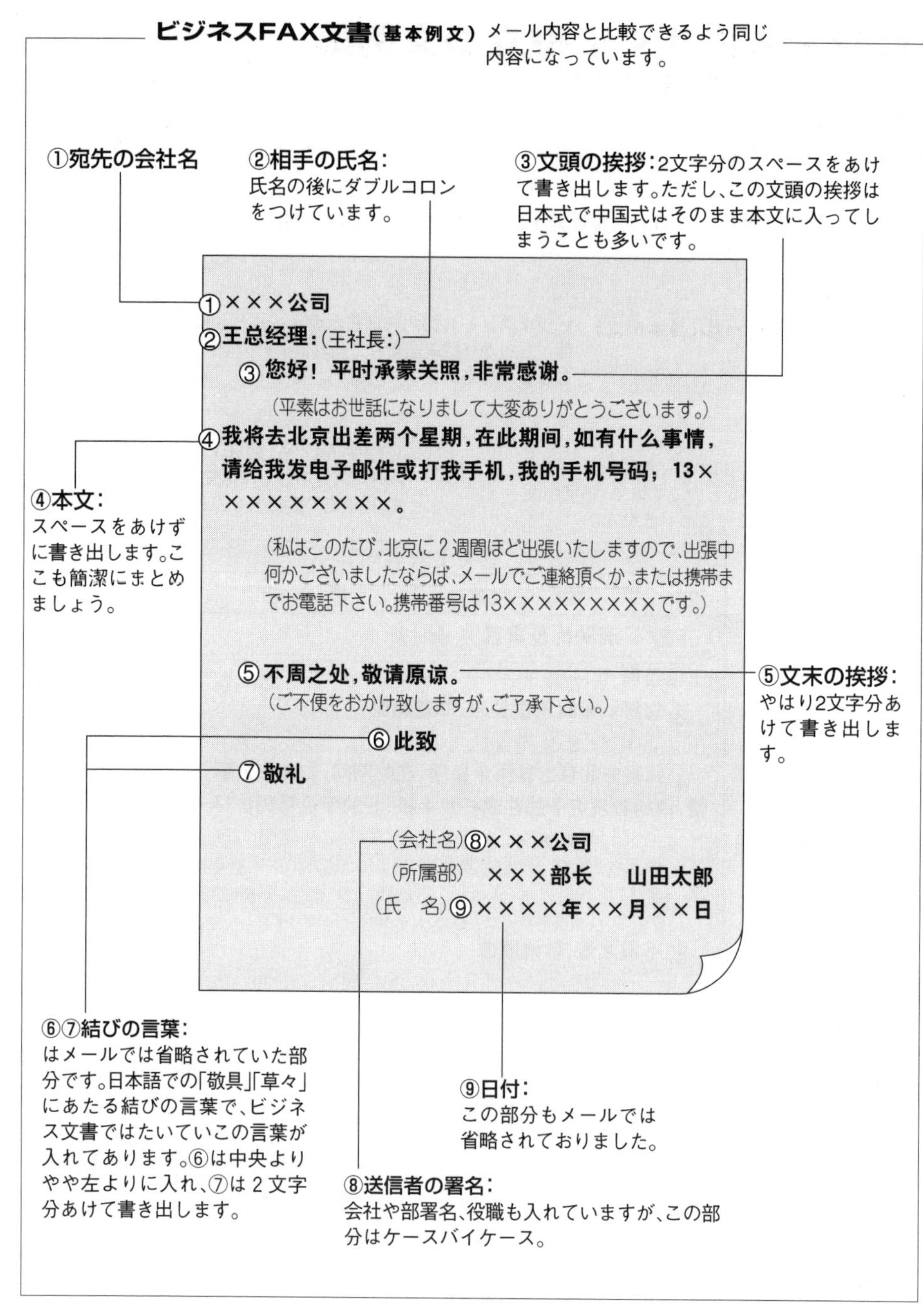

第3部

日本語→中国語(標準語) ビジネス単語集

“第3部”には、約2500語の単語を収録しています。
経済用語、株式用語からオフィスや生産現場でよく使う用語まで、
様々なビジネスシーンで使える中国語を厳選しています。

あ 行

アース …… 地线 dìxiàn ディーシィエン
IMF …… 国际货币基金组织 guójìhuòbìjījīnzǔzhī グゥオジィホゥオビイジイジンヅウディー
アイコン …… 图标 túbiāo トゥービィヤオ
あいさつ …… 问候/打招呼 wènhòu/dǎzhāohū ウェンホゥ/ダーチャオフゥ
IC …… 集成电路 jíchéngdiànlù ジイチェンディエンルウ
ICカード …… ＩＣ卡 ICkǎ アイシーカァ
合図 …… 手势 shǒushì ショウシイ
アイデア …… 主意 zhǔyì チュウイー
IT …… 信息技术 xìnxījìshù シンシージイシュ
IT産業 …… 信息产业 xìnxīchǎnyè シンシィーチャンイエ
アイドル・タイム 空闲时间 kòngxiánshíjiān コンシエンシイジエン
アイワ(企業名) …… 爱华 Aihuá アイホワァ
会う …… 见面 jiànmiàn ジエンミエン
合う …… 对上 duìshàng ドゥイシャン
アウトプット …… 输出 shūchū シューチュ
上がり相場 …… 牛市 niúshì ニュウシイ
明るい …… 亮 liàng リィヤン
明るい(性格) 开朗（性格） kāilǎng(xìnggé) カイラン(シングゥ)
空き地 …… 空地 kòngdì コンディー
あきらめる …… 放弃 fàngqì ファンチィー
飽きる …… 厌烦/够了 yànfán/gòule イエンファン/ゴウラ
アクセス …… 上网 shàngwǎng シャンワン
アクセスポイント 访问点 fǎngwèndiǎn ファンウェンディエン
上げ相場 …… 牛市 niúshì ニュウシイ
上げ幅 …… 涨幅 zhǎngfú チャンフウ
上げる(上に) 举/抬 jǔ/tái ジウ/タイ
あげる(人に) 给 gěi ゲイ
朝 …… 早晨 zǎochén ザオチェン
朝市 …… 早市 zǎoshì ザオシイ
あさって …… 后天 hòutiān ホウティエン
明日 …… 明天 míngtiān ミィンティエン
アスファルト …… 沥青 lìqīng リイチン
アスベスト …… 石棉 shímián シイミエン
アセチレン …… 乙炔 yǐkuài イークゥアイ
アセテート …… 醋酸纤维 cùsuānxiānwéi ツゥースアンシェンウェイ
アセトン …… 丙酮 bǐngtóng ビントォン
遊ぶ …… 玩 wán ワァン
頭 …… 头 tóu トォウ
頭金 …… 首付 shǒufù ショウフゥ
新しい …… 新 xīn シン
厚い …… 厚 hòu ホォウ
暑い …… 热 rè ラァー
圧縮 …… 压缩 yāsuō ヤァースゥオ
アップグレード 升级 shēngjí シェンジイ

アップする …… 提高 tígāo ティーガオ
アップル・コンピュータ(企業名) 苹果电脑 Píngguǒdiànnǎo ピングゥオディエンナオ
集まる …… 集中 jízhōng ジィヂョォン
集める …… 收集 shōují ショウジィ
圧力 …… 压力 yālì ヤーリイ
圧力計 …… 压力表 yālìbiǎo ヤーリイビャオ
アドレス …… 地址 dìzhǐ ディーヂィー
あなた …… 你 nǐ ニイ
あなた(敬語) 您 nín ニン
あなたたち 你们 nǐmén ニイメン
あなたの …… 你的 nǐde ニイダ
アナリスト …… 分析师 fēnxīshī フェンシーシイ
アナログ …… 模拟 mónǐ モゥニィ
アパレル産業 服装产业 fúzhuāngchǎnyè フウヂュアンチャンイエ
アフターサービス 售后服务 shòuhòufúwù ショウホウフウウー
あぶない …… 危险 wēixiǎn ウェイシエン
油汚染 …… 油污染 yóuwūrǎn ヨウウーラン
アプリケーションソフト 应用软件 yìngyòngruǎnjiàn インヨンルアンジエン
アメニティー 舒适性 shūshìxìng シューシイシン
アメリカ …… 美国 měiguó メイグゥオ
あやしい …… 奇怪 qíguài チイグゥアイ
謝る …… 道歉 dàoqiàn ダオチエン
ありがとう …… 谢谢 xièxiè シィエシィエ
亜硫酸ガス …… 二氧化硫 èryǎnghuàliú アールヤンホワァリュウ
ある …… 有 yǒu ヨウ
あるいは …… 或者 huòzhě ホゥオヂャ
アルカリ化 …… 碱化 jiǎnhuà ジャンホワァ
歩く …… 走路 zuǒlù ヅゥオルウ
アルコール …… 酒精 jiǔjīng ジィウジン
アルツハイマー病 阿尔茨海默病 ā'ěrcìhǎimòbìng アーアールツゥハイモービン
アルバイトをする 打工 dǎgōng ダーゴン
合わせる …… 对正 duìzhèng ドゥイヂェン
合わない …… 对不上 duìbúshàng ドゥイブゥシャン
暗号化 …… 加密 jiāmì ジィアミイ
安心 …… 安心 ānxīn アンシン
安全 …… 安全 ānquán アンチュエン
安全衛生委員会 安全卫生委员会 ānquánwèishēngwěiyuánhuì アンチュエンウェイシェンウェイユエンホイ
安全管理 …… 安全管理 ānquánguǎnlǐ アンチュエングアンリイ
安全在庫 …… 保险库存量 bǎoxiǎnkùcúnliàng バオシエンクゥツゥンリャン
安全対策 …… 安全对策 ānquánduìcè アンチュエンドゥイツァ
案内する …… 向导/指南 xiàngdǎo/zhǐnán シャンダオ/ヂィーナン
アンペア …… 安培 ānpéi アンペイ
いらない …… 不要 búyào ブゥヤオ
要る …… 要 yào ヤオ
1月 …… 一月 yīyuè イーユエ
1日 …… 一天 yītiān イーティエン

1回	一次	yīcì	イーツゥ
1階	一层	yīcéng	イーツォン
1週間	一周	yīzhōu	イーヂョォウ
いい	好	hǎo	ハオ
いいえ	不	bù	ブゥ
E-コマース	电子商务	diànzǐshāngwù	ディエンヅゥーシャンウ
言う	说	shuō	ショオウ
家	家	jiā	ジィア
イエローページ	黄页	huángyè	ホワァンイエ
硫黄酸化物	硫氧化物	liúyǎnghuàwù	リュウヤンホワァウー
イオン	离子	lízǐ	リィーヅゥー
～行き	去/往	qù/wǎng	チュー/ワン
イギリス	英国	yīngguó	イングゥオ
行く	去	qù	チュ
育成する	培养	péiyǎng	ペイヤン
いくつ	多大(岁数)/多少(数量)	duōdà(suìshù)/duōshǎo(shùliàng)	ドゥオダー(スゥイシュ)/ドゥオシャオ(シュリャン)
いくら	多少钱	duōshǎoqián	ドゥオシャオチエン
意見	意见	yìjiàn	イージェン
意識	意识	yìshí	イーシイ
維持する	维持	wéichí	ウェイチー
医者	医生	yīshēng	イーシェン
異常	异常	yìcháng	イーチャン
いすゞ(企業名)	五十铃	Wǔshílíng	ウーシィリン
以前	以前	yǐqián	イーチエン
忙しい	忙	máng	マァン
急ぐ	急	jí	ジィ
痛い	痛	tòng	トォン
委託保証金	委托保证金	wěituōbǎozhèngjīn	ウェイトゥオバオヂェンジン
一次製品	初级制品	chūjízhìpǐn	チュジイヂィーピン
一年契約	一年一签	yīniányīqiān	イーニエンイーチエン
市場	市场	shìchǎng	シイチャン
胃腸薬	胃肠药	wèichángyào	ウェイチャンヤオ
一覧表	一览表	yīlǎnbiǎo	イーランビャオ
一流	一流	yīliú	イーリュウ
いつ	何时	héshí	ホゥシィ
一貫サービス	一条龙服务	yītiáolóngfúwù	イーティヤオロンフゥーウー
一国二制度	一国两制	yīguóliǎngzhì	イーグオリャンヂィー
一酸化炭素	一氧化碳	yīyǎnghuàtàn	イヤンホワァタン
いっしょ	一样	yīyàng	イーヤン
一生懸命	努力/拼命	nǔlì/pīnmìng	ヌゥーリィ/ピンミン
一致する	一致	yīzhì	イーヂィー
一般社員	员工	yuángōng	ユエンゴン
一般的	一般的	yībānde	イーバンダ
一方的	一方面/单方面	yīfāngmiàn/dānfāngmiàn	イーファンミィエン/ダンファンミエン
いつも	总是	zǒngshì	ゾォンシィ

遺伝子療法	基因疗法	jīyīnliáofǎ	ジイインリャオファ
移動する	移动	yídòng	イードォン
イニシャル・コスト	原价	yuánjià	ユエンジィア
威張る	摆架子/逞威风	bǎijiàzi/chěngwēifēng	バイジィアヅゥ/チェンウェイフォン
違反	违反	wéifǎn	ウェイファン
今	现在	xiànzài	シィエンツァイ
イメージ	形象	xíngxiàng	シンシャン
嫌になる	厌恶/够了	yànwù/gòule	イエンウー/ゴォウラ
イライラする	急躁	jízào	ジィザオ
入り口	入口/门	rùkǒu/mén	ルゥコォウ/メン
祝う	祝/祝贺	zhù/zhùhè	ヂュ/ヂュフゥ
インカムゲイン	所得收益	suǒdéshōuyì	スゥオダーショウイー
印鑑	图章	túzhāng	トゥーヂャン
インサイダー取引	内幕交易	nèimùjiāoyì	ネイムウジャオイー
印象	印象	yìnxiàng	インシャン
インストール	安装	ānzhuāng	アンヂュアン
インターネット	因特网	yīntèwǎng	インターワン
インターネットカフェ	网吧	wǎngbā	ワンバァ
インターフェイス	接口	jiēkǒu	ジィエコウ
インテル(企業名)	英特尔	Yīngtè'ěr	イントゥーアール
インフォメーション	咨询	zīxún	ヅゥーシュン
インプット	输入	shūrù	シュールゥ
インフルエンザウイルス	流感病毒	liúgǎnbìngdú	リュウガンビンドゥウ
インフレ	通货膨胀,通胀	tōnghuòpéngzhàng, tōngzhàng	トンホゥオポンヂャン、トンヂャン
ウイルス	病毒	bìngdú	ビンドゥー
ウェブサイト	站点	zhàndiǎn	ヂャンディエン
ウェブマスター	斑竹	bānzhú	バンヂュウ
ウォークマン	随身听	suíshēntīng	スゥイシャンティン
伺う	拜访	bàifǎng	バイファン
受入検査	验收	yànshōu	イェンショウ
受付	问询处	wènxúnchù	ウェンシュンチュ
受け取る	收/领	shōu/lǐng	ショウ/リン
後ろ	后面	hòumiàn	ホウミエン
疑う	怀疑/猜疑	huáiyí/cāiyí	ホワイイー/ツァイイー
打ち合わせ	协商	xiéshāng	シィエシャン
美しい	美丽/动听	měilì/dòngtīng	メイリィ/ドォンティン
訴える	控告/诉讼	kònggào/sùsòng	コンガオ/スゥソォン
裏	背面/反面	bèimiàn/fǎnmiàn	ベイミエン/ファンミエン
裏切る	背叛/出卖	bèipàn/chūmài	ベイパン/チュウマイ
ウラン	铀	yóu	ヨウ
売り切れる	售完/卖光	shòuwán/màiguāng	ショウワン/マイグアン
売り手市場	卖方市场	màifāngshìchǎng	マイファンシイチャン
売る	卖	mài	マイ
うるさい	吵	chǎo	チャオ

嬉しい	高兴	gāoxìng	ガオシン
浮気する	拈花惹草/见异思迁	niǎnhuārěcǎo/jiànyìsīqiān	ニエンホワァラァーツァオ/ジエンイースゥーチエン
噂	谣言	yáoyán	ヤオイエン
運	运气	yùnqì	ユンチィ
運がいい	运气好	yùnqìhǎo	ユンチィハオ
運が悪い	运气不好	yùnqìbùhǎo	ユンチィブゥハオ
運賃	运费	yùnfèi	ユンフェイ
運転手	驾驶员/司机	jiàshǐyuán/sījī	ジィアシィユエン/スゥージィ
運転する	驾驶/开车	jiàshǐ/kāichē	ジィアシィ/カイチャア
運転免許証	驾照	jiàzhào	ジィアヂャオ
運輸通信業	运输通信业	yùnshūtōngxìnyè	ユンシュートォンシンイエ
エアー	空气	kōngqì	コンチー
エアー漏れ	漏气	lòuqì	ロォウチー
エアコン	空调	kōngtiáo	コンティアオ
映画	电影	diànyǐng	ディエンイン
映画館	电影院	diànyǐngyuàn	ディエンインユエン
影響	影响	yǐngxiǎng	インシャン
営業	销售	xiāoshòu	シャオショウ
英語	英语	yīngyǔ	インユィ
衛生的	卫生的	wèishēngde	ウェイシェンダ
衛星放送	卫星广播	wèixīngguǎngbō	ウェイシングゥアンボー
HIV(エイズ)	艾滋病	àizībìng	アイヅゥービン
H株	H股	Hgǔ	エイチグゥ
エイプリルフール	愚人节	yúrénjié	ユウレンジィエ
A株	A股	Agǔ	エーグゥ
エージェンシー	代理商	dàilǐshāng	ダイリイシャン
ATM	自动提款机	zìdòngtíkuǎnjī	ヅゥードォンティクアンジィ
駅	车站	chēzhàn	チャアヂャン
駅員	检票员	jiǎnpiàoyuán	ジエンピャオユエン
液化石油ガス	液化石油气	yèhuàshíyóuqì	イエホワァシイヨウチー
液晶	液晶	yèjīng	イエジン
エコ製品	绿色产品	lǜsèchǎnpǐn	リュウサァチャンピン
エタノール	乙醇	yǐchún	イーチュン
エタン	乙烷	yǐwán	イーワン
エチレン	乙烯	yǐxī	イーシー
閲覧ソフト	浏览软件	liúlǎnruǎnjiàn	リュウランルアンジィエン
エディター	编辑	biānjí	ビィエンジイ
NC旋盤	数控车床	shùkòngchēchuáng	シュウコンチャアチュアン
エネルギー	能源	néngyuán	ナンユエン
FA化	工厂自动化	gōngchǎngzìdònghuà	ゴンチャンヅゥードォンホワァ
偉い	伟大	wěidà	ウェイダー
選ぶ	选择/挑选	xuǎnzé/tiāoxuǎn	シュエンヅァ/ティヤオシュエン
エリクソン(企業名)	爱立信	Àilìxìn	アイリィシン
得る	得到	dédào	ダーダオ
エレクトロ・ビーム	电子束	diànzǐshù	ディエンヅゥーシュ
エレクトロニクス	电子学	diànzǐxué	ディエンヅゥシュエ
エレベーター	电梯	diàntī	ディエンティ
円高(になる)	日元升值	rìyuánshēngzhí	リーユエンシェンヂィー
円の切り上げ	日元升值	rìyuánshēngzhí	リーユエンシェンヂィー
円安(になる)	日元贬值	rìyuánbiǎnzhí	リーユエンビエンヂィー
宴会	宴会	yànhuì	イエンホイ
塩化ビニール	氯乙烯	lǜyǐxī	リュイイーシー
エンジニア	工程师	gōngchéngshī	ゴンチェンシイ
エンジニアリング	工程技术	gōngchéngjìshù	ゴンチェンジイシュ
エンジン	发动机	fādòngjī	ファードォンジィ
延長	延长	yáncháng	イェンチャン
鉛筆	铅笔	qiānbǐ	チエンビイ
遠慮する	客气	kèqì	クァチィ
おいしい	好吃	hǎochī	ハオチー
応急措置	应急措施	yìngjí cuòshī	インジイツゥオシイ
往復	往返/来回	wǎngfǎn/láihuí	ワンファン/ライホイ
往復切符	往返车票	wǎngfǎnchēpiào	ワンファンチャアピィヤオ
多い	多	duō	ドゥオ
OEM	定牌生产	dìngpáishēngchǎn	ディンパイシェンチャン
OA化	办公自动化	bàngōngzìdònghuà	バンゴンヅゥードォンホワァ
OS	操作系统	cāozuòxìtǒng	ツァオヅゥオシートォン
大きい	大	dà	ダー
大きさ	大	dà	ダー
オークション	拍卖	pāimài	パイマイ
ODA	(日本)政府开发援助	(rìběn)zhèngfǔkāifāyuánzhù	(リーベン)ヂェンフゥカイファユエンヂュ
オーバーオール	大修	dàxiū	ダーシュウ
大引け	收盘	shōupán	ショウパン
オーム	欧姆	ōumǔ	オウムゥ
置く	放/设置	fàng/shèzhì	ファン/シャヂィー
送る	送	sòng	ソォン
遅れる	晚/慢	wǎn/màn	ワン/マン
行う	进行	jìnxíng	ジンシン
怒る	生气/发火	shēngqì/fāhuǒ	シェンチィ/ファーホゥオ
教える	教	jiāo	ジャオ
汚職	贪污	tānwū	タンウー
押す	压/推	yā/tuī	ヤー/トゥイ
オスカー	奥斯卡	àosīkǎ	アオスゥーカァ
汚染源	污染源	wūrǎnyuán	ウーランユエン
汚染物質	污染物质	wūrǎnwùzhì	ウーランウーヂィー
汚染物質排出基準	污染物排放标准	wūrǎnwùpáifàngbiāozhǔn	ウーランウーパイファンビャオヂュン
遅い	慢/晚/来不及	màn/wǎn/láibùjí	マン/ワン/ライブゥジィ
オゾン層	臭氧层	chòuyǎngcéng	チョウヤンツォン
おつり	找钱	zhǎoqián	ヂャオチエン
男	男性/男人	nánxìng/nánrén	ナンシン/ナンレン
落とし物	掉东西	diàodōngxi	ディアオドォンシー
落とす(なくす)	掉/丢	diào/diū	ディアオ/ディウー

日本語	中国語	ピンイン	読み
訪れる	拜访/访问	bàifǎng/fǎngwèn	バイファン/ファンウェン
おととい	前天	qiántiān	チエンティエン
驚く	吃惊	chījīng	チィージン
オフィス	办公室	bàngōngshì	バンゴンシイ
オフィス家具	办公家具	bàngōngjiājù	バンゴンジィアジウ
オフィス機器	办公设备	bàngōngshèbèi	バンゴンシャベイ
オフィス用品	办公用品	bàngōngyòngpǐn	バンゴンヨンピン
オフライン	脱机	tuōjī	トゥオジイ
オペレーション	运转	yùnzhuǎn	ユンチュアン
オマケ商法	有奖销售	yǒujiǎngxiāoshòu	ヨウジィアンシャオショウ
オムロン(企業名)	欧姆龙	Oumǔlóng	オウムゥロン
おめでとう	恭喜	gōngxǐ	ゴンシー
思い出す	回想起	huíxiǎngqǐ	ホイシャンチィ
思う	想/认为	xiǎng/rènwéi	シャン/レンウェイ
おもしろい	有趣	yǒuqù	ヨウチュ
親	父母	fùmǔ	フゥムゥ
およそ〜	大约/大概	dàyuē/dàgài	ダーユエ/ダーガイ
オリンパス(企業名)	奥林巴斯	Aolínbāsī	アオリンバースゥ
オリンピック	奥林匹克运动会, 奥运会	àolínpǐkèyùndònghuì, àoyùnhuì	アオリンピイクゥユンドォンホイ, アオユンホイ
終わり	完了/结束	wánle/jiéshù	ワンラ/ジィエシュー
終値	收盘值	shōupánzhí	ショウパンチィー
終わる	结束	jiéshù	ジエシュウ
恩	恩/恩情	ēn/ēnqíng	エン/エンチン
温室効果	温室效应	wēnshìxiàoyìng	ウェンシイシャオイン
音声認識	语言识别	yǔyánshíbié	ユゥユエンシイビィエ
温度	温度	wēndù	ウェンドゥ
女	女性/女人	nǚxìng/nǚrén	ニュウシン/ニュウレン
オンライン	联机	liánjī	リエンジイ
オンライン取引	网上交易	wǎngshàngjiāoyì	ワンシャンジャオイー

か 行

日本語	中国語	ピンイン	読み
カーソル	光标	guāngbiāo	グアンビィヤオ
カード	卡/卡片	kǎ/kǎpiàn	カァ/カーピエン
カードで支払う	刷卡	shuākǎ	シュゥアカァ
〜階	层	céng	ツォン
〜回	次	cì	ツゥー
会員	会员	huìyuán	ホイユエン
会員証	会员证	huìyuánzhèng	ホイユエンチェン
外貨	外汇	wàihuì	ワイホイ
海外	海外	hǎiwài/guówài	ハイワイ/グゥオワイ
海外帰国者	海龟派	hǎiguīpài	ハイグゥイパイ
改革開放	改革开放	gǎigékāifàng	ガイグゥカイファン
外観	外观	wàiguān	ワイグアン
会議	会议	huìyì	ホイイー
会議をする	开会	kāihuì	カイホイ
会議中	正在开会	zhèngzàikāihuì	チェンツァイカイホイ
会計	会计/结账	kuàijì/jiézhàng	クァイジィ/ジィエチャン
解決する	解决	jiějué	ジエジュエ
外国	外国	wàiguó	ワイグゥオ
外国語	外语	wàiyǔ	ワイユゥ
外国人	外国人	wàiguórén	ワイグゥオレン
外国製	外国产	wàiguóchǎn	ワイグゥオチャン
改札口	检票口	jiǎnpiàokǒu	ジィエンピィヤオコウ
外資企業	外企企业	wàiqǐqǐyè	ワイチィーチィーイエ
買占め	垄断	lǒngduàn	ロンドゥアン
会社	公司	gōngsī	ゴンスゥー
会社員	上班族	shàngbānzú	シャンバンヅゥー
会社方針	公司方针	gōngsīfāngzhēn	ゴンスゥーファンチャン
外出する	外出	wàichū	ワイチュ
改善する	改善	gǎishàn	ガイシャン
海賊版	盗版	dàobǎn	ダオバン
階段	楼梯	lóutī	ロォウティ
外地からの出稼ぎ者	外地民工	wàidìmíngōng	ワイディーミンゴン
外注	外购	wàigòu	ワイゴウ
外注部品	外购件	wàigòujiàn	ワイゴウジェン
買い注文	定购单	dìnggòudān	ディンゴウダン
会長	董事长	dǒngshìzhǎng	ドォンシィチャン
買い手市場	买方市场	mǎifāngshìchǎng	マイファンシイチャン
開店する	开门/开张	kāimén/kāizhāng	カイメン/カイチャン
ガイド	向导/指南	xiàngdǎo/zhǐnán	シャンダオ/ヂィーナン
解凍	解压	jiěyà	ジィエヤー
開発する	开发	kāifā	カイファー
回復する	恢复	huīfù	ホイフゥ
買戻し	抛空补回	pāokōngbǔhuí	パオコンブゥホイ
買い物	购物/买东西	gòuwù/mǎidōngxi	ゴウマイ/マイドォンシー
回路	电路	diànlù	ディエンルウ
会話	会话/对话	huìhuà/duìhuà	ホイホワァ/ドゥイホワァ
買う	买	mǎi	マイ
株式市場	股市	gǔshì	グゥシイ
カウンターパーチェイス	互购贸易	hùgòumàoyì	フゥゴウマオイー
カウントダウン(する)	倒计时	dàojìshí	ダオジイシイ
変える	改变/更改	gǎibiàn/gēnggǎi	ガイビエン/ゲンガイ
帰る	回去/回来	huíqù/huílái	ホイチュ/ホイライ
科学	科学	kēxué	クゥシュエ
化学	化学	huàxué	ホワァシュエ
化学反応	化学反应	huàxuéfǎnyìng	ホワァシュエファンイン
化学肥料汚染	化肥污染	huàféiwūrǎn	ホワァフェイウーラン
カギ	钥匙	yàoshi	ヤオシィ
書き方	写法	xiěfǎ	シィエファ
書留	挂号（信）	guàhào(xìn)	グゥアハオ(シン)
書く	写/画	xiě/huà	シィエ/ホワァ

核分裂 核裂变 hélièbiàn ホゥーリエビエン
核融合 核聚变 héjùbiàn ホゥージウビエン
確信する 确信/坚信 quèxìn/jiānxìn チュエシン/ジィアシン
隠す 隐瞒 yǐnmán インマン
拡張子 扩展子 kuòzhǎnzǐ クォオチャンヅゥー
格付け 评级 píngjí ピンジイ
確認する 确认 quèrèn チュエレン
額面株 有面额股票 yǒumiàn'égǔpiào ヨウミエンアーグゥピャオ
額面発行 面额发行 miàn'éfāxíng ミエンアールファーシン
賭け事 赌博 dǔbó ドゥボォ
賭ける 赌 dǔ ドゥ
過去 过去 guòqù グゥオチュ
下降する 下降 xiàjiàng シィアジィャン
加工する 加工 jiāgōng ジィアゴォン
カシオ(企業名) 卡西欧 Kǎxī'ōu カァシーオウ
賢い 聪明/伶俐 cōngmíng/línglì ツォンミン/リンリィ
貸家 出租的房子 chūzūdefángzi チュヅゥダファンヅゥー
貸す 借（出） jiè(chū) ジィエ(チュウ)
数 数目 shùmù シュウムゥ
ガス 煤气 méiqì メイチー
風邪 感冒 gǎnmào ガンマオ
画素 像素 xiàngsù シャンスゥ
数える 数 shǔ シュウ
数え忘れ 漏数 lòushǔ ロォウシュウ
ガソリン 汽油 qìyóu チーヨウ
かたづける 收拾/整理 shōushi/zhěnglǐ ショウシィ/ヂェンリィ
片道 单程 dānchéng ダンチェン
片道切符 单程车票 dānchéngchēpiào ダンチェンチャアピャオ
カタログ 样本 yàngběn ヤンベン
価値がある 有价值 yǒujiàzhí ヨウジィアヂィー
価値観 加之概念 jiāzhīgàiniàn ジィアヂィガイニエン
課長 科长 kēzhǎng クゥヂャン
勝つ 胜/赢 shèng/yíng シェン/イン
学校 学校 xuéxiào シュエシャオ
勝手な 随便/任意 suíbiàn/rènyì スゥイビエン/レンイー
活動 活动 huódòng ホゥオドォン
合併・買収(M&A) 并购, 合并收购 bìnggòu, hébìngshōugòu ビンゴウ、ホゥビンショウゴウ
家庭教師 家教 jiājiào ジィアジャオ
仮定する 假定/假设 jiǎdìng/jiǎshè ジィアディン/ジィアシャー
家電製品 家用电器 jiāyòngdiànqì ジィアヨンディエンチィ
稼働率 运转率 yùnzhuǎnlǜ ユンヂュアンリュイ
可動率 可动率 kědònglǜ クゥドォンリュイ
金型 模具 mójù モウジウ
悲しい 悲伤/伤心 bēishāng/shāngxīn ベイシャン/シャンシン
必ず 一定 yīdìng イーディン

可能性 可能性 kěnéngxìng クゥナンシン
彼女 她/女朋友 tā/nǚpéngyǒu ター/ニュウポォンヨウ
鞄 包 bāo バオ
株 股票/股份 gǔpiào/gǔfèn グゥピャオ/グゥフェン
株価 股价 gǔjià グゥジィア
株価格付け 股价评级 gǔjiàpíngjí グゥジィアピンジイ
株価指数 股票指数 gǔpiàozhǐshù グゥピャオヂィーシュウ
株価操作 操纵股票价格 cāozònggǔpiàojiàgé ツァオゾングゥピャオジィアグゥ
株券 股票 gǔpiào グゥピィヤオ
株を売買する 炒股 chǎogǔ チャオグゥ
株式 股份 gǔfèn グゥフェン
株式会社 股份有限公司 gǔfènyǒuxiàngōngsī グゥフェンヨウシエンゴンスゥー
株式資本 股本 gǔběn グゥベン
株式分割 股票分割 gǔpiàofēngē グゥピィヤオフェングゥ
株主 股东 gǔdōng グゥドォン
株主総会 股东会/股东大会 gǔdōnghuì/gǔdōngdàhuì グゥドォンホイ/グゥドォンダーホイ
株主割当 股东分摊额 gǔdōngfēntān'é グゥドォンフェンタンアー
紙 纸 zhǐ ヂィー
紙が詰まる 夹纸 jiāzhǐ ジィアヂィー
カメラ 照相机 zhàoxiàngjī ヂャオシャンジィ
カラープリンター 彩色复印机 cǎisèfùyìnjī ツァイサァフウインジイ
空売り 卖空 màikōng マイコン
空買い 买空 mǎikōng マイコン
ガラス繊維 玻璃纤维 bōlíxiānwéi ボォリィシェンウェイ
火力 火力 huǒlì ホゥオリイ
火力発電所 火电站 huǒdiànzhàn ホゥオディエンヂャン
借りる 借（入） jiè(rù) ジィエ(ルゥ)
カルビー食品(企業名) 卡乐B KǎlèB カァラービィ
彼 他/男朋友 tā/nánpéngyǒu ター/ナンポォンヨウ
彼ら 他们 tāmen ターメン
かわいい 可爱 kě'ài クゥーアイ
カワサキ(企業名) 川崎 Chuānqí チュアンチィ
為替レート 汇率 huìlǜ ホイルウ
変わる 换 huàn ホワァン
改变 gǎibiàn ガイビエン
代わる 代替 dàitì ダイティ
考え 想法/主意 xiǎngfǎ/zhǔyì シャンファ/ヂュイー
考える 考虑/想 kǎolǜ/xiǎng カオリュ/シャン
環境 环境 huánjìng ホワンジン
環境汚染 环境污染 huánjìngwūrǎn ホワンジンウゥーラン
環境保護 环保 huánbǎo ホワンバオ
環境保護法 环境保护法 huánjìngbǎohùfǎ ホワンジンバオフゥーファ
関係 关系 guānxì グアンシー
観光 观光/旅游 guānguāng/lǚyóu グゥアングゥアン/リュウヨウ
観光地 旅游胜地 lǚyóushèngdì リュウヨウシェンディ

韓国	韩国	hánguó	ハングゥオ
韓国語	韩语	hányǔ	ハンユゥ
感謝する	感谢	gǎnxiè	ガンシィエ
感情	感情	gǎnqíng	ガンチン
感心する	佩服	pèifú	ペイフゥ
感性	感受性	gǎnshòuxìng	ガンショウシン
完成品	成品	chéngpǐn	チェンピン
感染する	感染/受影响	gǎnrǎn/shòuyǐngxiǎng	ガンラン/ショウインシャン
感想	感想	gǎnxiǎng	ガンシャン
感電	触电	chùdiàn	チュウディエン
感電注意	小心触电	xiǎoxīnchùdiàn	シャオシンチュウディエン
感度	灵敏度	língmǐndù	リンミンドゥ
がんばる	加油	jiāyóu	ジィアヨウ
看板方式	准时生产方式	zhǔnshíshēngchǎnfāngshì	チュンシィションチャンファンシィ
元利	本利	běnlì	ベンリィ
管理する	管理	guǎnlǐ	グアンリィ
管理図	控制图	kòngzhìtú	コンヂィートゥ
管理台帳	管理册	guǎnlǐcè	グアンリィツァ
管理棟	办公楼	bàngōnglóu	バンゴンロォウ
管理番号	管理号	guǎnlǐhào	グアンリィハオ
気がつく	注意到/察觉到	zhùyìdào/chájuédào	チューイーダオ/チャアジュエダオ
気が楽になる	放松	fàngsōng	ファンソォン
気にしない	不介意	bújièyì	ブゥジィエイー
気にする	介意	jièyì	ジィエイー
気をつける	小心/注意	xiǎoxīn/zhùyì	シャオシン/チュウイー
キーボード	键盘	jiànpán	ジエンパン
機械	机器	jīqì	ジイチー
機械加工	机械加工	jīxiejiāgōng	ジィシィエジィアゴン
着替える	换衣服	huànyīfú	ホワンイーフゥー
ギガバイト	千兆字节	qiānzhàozìjié	チエンヂャオヅゥージィエ
期間	期间	qījiān	チージエン
企業買収	控股	kònggǔ	コングゥ
聞く	问	wèn	ウエン
危険	危险	wēixiǎn	ウェイシィエン
期限	期限	qīxiàn	チーシエン
気候	气候	qìhòu	チィホォウ
帰国	回国	huíguó	ホイグゥオ
既婚	已婚	yǐhūn	イーホゥン
期日	期限	qīxiàn	チィーシエン
技術	技术	jìshù	ジイシュウ
技術移転	转让技术	zhuǎnràngjìshù	チュアンランジイシュ
技術革新	技术创新	jìshùchuàngxīn	ジイシューチュアンシン
技術導入	引进技术	yǐnjìnjìshù	インジンジイシュ
基準	标准	biāozhǔn	ビャオヂュン
基準書	标准书	biāozhǔnshū	ビャオヂュンシュウ
キシレン	二甲苯	èrjiǎběn	アールジィアベン
傷	伤痕	shānghén	シャンハン
規制	规定	guīdìng	グゥイディン
規則	规则	guīzé	グゥイザァ
基礎知識	基础知识	jīchǔzhīshí	ジイチュヂィシイ
期待する	期待	qīdài	チィーダイ
汚い	脏/不干净	zāng/bùgānjìng	ザン/ブゥガンジン
きつい	严厉/紧/瘦	yánlì/jǐn/shòu	イエンリィ/ジン/ショウ
喫煙する	抽烟	chōuyān	チョウイエン
キックバック	回扣	huíkòu	ホイコウ
喫茶店	咖啡店	kāfēidiàn	カーファイディエン
切手	邮票	yóupiào	ヨウピィヤオ
切符	车票	chēpiào	チャアピィヤオ
記入する	填写	tiánxiě	ティエンシィエ
記入ミス	错记	cuòjì	ツゥオジイ
昨日	昨天	zuótiān	ヅゥオティエン
機能	功能	gōngnéng	ゴンナン
厳しい	严	yán	イエン
規模	规模	guīmó	グゥイモゥ
希望する	希望	xīwàng	シーワン
希望プロジェクト	希望工程	xīwànggōngchéng	シーワンゴンチャン
基本	基本	jīběn	ジイベン
基本給	底薪	dǐxīn	ディーシン
義務	义务	yìwù	イーウー
決める	决定	juédìng	ジュエディン
気持ち	心情/情绪	xīnqíng/qíngxù	シンチン·チンシュウ
疑問	疑问	yíwèn	イーウェン
客	客人/客户	kèrén/kèhù	クゥレン/クゥフゥー
キャド	计算机辅助设计	jìsuànjīfǔzhùshèjì	ジィスアンジイフゥチュシャジイ
キャノン(企業名)	佳能	Jiā'néng	ジィアナン
キャピタルゲイン	资本收益	zīběnshōuyì	ヅゥーベンショウイー
キャラクターグッズ	特色商品	tèsèshāngpǐn	トゥサァシャンピン
キャリアウーマン	女强人, 白领丽人	nǚqiángrén, báilǐnglìrén	ニュウチアンレン、 バイリンリーレン
キャンセルする	取消	qǔxiāo	チュウシャオ
キャンペーンガール	礼仪小姐	lǐyíxiǎojiě	リーイーシャオジイエ
9.11米国同時多発テロ事件	九一一恐怖事件	jiǔyīyīkǒngbùshìjiàn	ジィウヤオヤオコンブゥシイジエン
休暇	休假	xiūjià	シュージィア
休憩	休息	xiūxī	シューシー
休憩時間	休息时间	xiūxīshíjiān	シュウシーシイジエン
QC	质量管理	zhìliàngguǎnlǐ	ヂィーリャングゥアンリィ
休日	休息日/假日	xiūxīrì/jiàrì	シューシーリィ/ジィアリィ
求人	招聘	zhāopìn	ヂャオピン
求人情報	招聘信息	zhāopìnxìnxī	ヂャオピンシンシー
求人説明会	招聘会	zhāopìnhuì	ヂャオピンホゥイ
急用	急事	jíshì	ジィシィ
給与明細	工资单	gōngzīdān	ゴンヅゥーダン

日本語	中国語	ピンイン	読み
給料	工资	gōngzī	ゴンヅゥー
給料日	发薪日	fāxīnrì	ファーシンリィ
キュプラ	铜鞍丝	tóng'ānsī	トォンアンスゥー
今日	今天	jīntiān	ジンティエン
教育	教育	jiàoyù	ジィアユゥ
業界	业界	yèjiè	イエジィエ
業界筋	业内人士	yènèirénshì	イエネイレンシィー
強化する	加强	jiāqiáng	ジィアチィアン
供給	供给	gōngjǐ	ゴンジィ
教材	教材	jiàocái	ジィアオツァイ
共産党	共产党	gòngchǎndǎng	ゴォンチャンダァン
競争(試合)	竞赛（比赛）	jìngsài(bǐsài)	ジィンサイ(ビィサイ)
競争(ことがら)	竞争（事情）	jìngzhēng(shìqíng)	ジンチェン(シィチン)
競争原理	竞争原理	jìngzhēngyuánlǐ	ジンチェンユエンリィ
競争率	竞争率	jìngzhēnglǜ	ジンチェンルゥ
競売	拍卖	pāimài	パイマイ
興味がある	感兴趣	gǎnxìngqù	ガンシンチュ
協力する	协力/合作	xiélì/hézuò	シィエリィ/ホゥーヅゥオ
許可	许可/允许	xǔkě/yǔnxǔ	シュウクゥ/ユンシュウ
去年	去年	qùnián	チュニエン
距離	距离	jùlí	ジウリィ
記録	记录	jìlù	ジイルウ
キロバイト	千字节	qiānzìjié	チエンヅゥージィエ
緊急	紧急	jǐnjí	ジンジィー
銀行	银行	yínháng	インハン
禁止	禁止	jìnzhǐ	ジィンヂィー
緊張する	紧张	jǐnzhāng	ジンヂャン
勤勉な	勤奋	qínfèn	チンフォン
勤務時間	工作时间	gōngzuoshíjiān	ゴンヅゥオシイジエン
勤務手当	劳务费	láowùfèi	ラオウーフェイ
金融危機	金融危机	jīnróngwēijī	ジンロンウェイジィ
金融業	金融业	jīnróngyè	ジンロンイエ
空港	（飞）机场	(fēi)jīchǎng	(フェイ)ジィチャン
空席	空（座）位	kòng(zuò)wèi	コン(ヅゥオ)ウェイ
偶然	偶然/偶尔	ǒurán/ǒu'ěr	オウラン/オウアール
苦情を言う	诉苦	sùkǔ	スゥクゥ
グッドイヤー(企業名)	固特异	Gùtèyì	グゥトゥーイー
クビにする	炒鱿鱼	chǎoyóuyú	チャオヨウユゥ
組み合わせ	组合	zǔhé	ヅゥフゥ
組み立て	组装/装配	zǔzhuāng/zhuāngpèi	ヅゥチュアン/チュアンペイ
クライアント	客户	kèhù	クゥフゥ
グラインダー	砂轮机	shālúnjī	シャールンジイ
グラフィック	图形	túxíng	トゥーシン
比べる	比较	bǐjiào	ビィジィヤオ
クリーニング	干洗/洗衣服	gānxǐ/xǐyīfú	ガンシー/シーイーフゥ
クリーンルーム	净化室	jìnghuàshì	ジンホワァシイ
グリセリン	甘油	gānyóu	ガンヨウ
クリック	单击	dānjī	ダンジイ
来る	来	lái	ライ
苦しい	痛苦/难受	tòngkǔ/nánshòu	トォンクゥ/ナンショウ
クレジットカード	信用卡	xìnyòngkǎ	シンヨンカァ
苦労する	辛苦/操心	xīnkǔ/cāoxīn	シンクゥ/ツァオシン
グローバル化	全球化	quánqiúhuà	チュエンチュウホワァ
クローン	克隆	kèlóng	クゥロン
クロロホルム	氯仿	lǜfǎng	ルウファン
加える	加/添	jiā/tiān	ジィア/ティエン
詳しい	详细	xiángxì	シャンシー
加わる	增加/增添	zēngjiā/zēngtiān	ヅォンジィア/ヅォンティエン
経営者	经营者/管理者	jīngyíngzhě/guǎnlǐzhě	ジンインヂャ/グアンリィヂャ
経営する	经营/管理	jīngyíng/guǎnlǐ	ジンイン/グアンリィ
計画	计划	jìhuà	ジィホワァ
計画経済	计划经济	jìhuàjīngjì	ジイホワァジンジィー
計画出産	计划生育	jìhuàshēngyù	ジイホワァシェンユゥ
計器	仪器	yíqì	イーチー
景気後退	经济衰退	jīngjìshuāituì	ジンジィーシュアイトゥイ
経験	经验	jīngyàn	ジンイエン
軽工業	轻工业	qīnggōngyè	チンゴンイエ
経済	经济	jīngjì	ジンジー
経済成長	经济增长	jīngjìzēngzhǎng	ジンジィーヅォンヂャン
経済のグローバル化	经济全球化	jīngjìquánqiúhuà	ジンジィーチュエンチュウホワァ
警察	警察	jǐngchá	ジンチャア
警察署	警（察）署/公安局	jǐng(chá)shǔ/gōng'ānjú	ジンチャアシュウ/ゴォンアンジウ
計算する	计算	jìsuàn	ジスアン
形状記憶合金	形状记忆合金	xíngzhuàngjìyìhéjīn	シンヂュアンジーイーホゥージン
携帯電話	手机	shǒujī	ショウジイ
経費	经费	jīngfèi	ジンフェイ
軽蔑する	轻蔑/轻视	qīngmiè/qīngshì	チンミィエ,チンシィ
契約	契约/合同	qìyuē/hétóng	チイーユエ/ホゥートォン
契約書	合同	hétóng	フゥトォン
契約労働者	合同工	hétónggōng	フゥートォンゴォン
契約を結ぶ	签合同	qiānhétóng	チエンフゥトォン
計量器	计量器具	jìliàng qìjù	ジイリャンチージウ
ケーブル	电缆	diànlǎn	ディエンラン
ケーブルテレビ	有线电视	yǒuxiàndiànshì	ヨウシエンディエンシイ
ゲーム	游戏，电脑游戏，电子游戏	yóuxì, diànnǎoyóuxì, diànzǐyóuxì	ヨウシー、ディエンナオヨウシー、ディエンヅゥヨウシー
今朝	今（天）早（上）	jīn(tiān)zǎo(shàng)	ジン(ティエン)ヅァオ(シャン)
消しゴム	橡皮	xiàngpí	シャンピー
化粧品	化妆品	huàzhuāngpǐn	ホワァヂュアンピン
ゲスト	嘉宾	jiābīn	ジィアビン

結果	结果	jiéguǒ	ジィエグゥオ
月間計画	月计划	yuèjìhuà	ユエジイホワァ
月給	月薪	yuèxīn	ユエシン
結婚式	(结)婚(典)礼	(jié)hūn(diǎn)lǐ	(ジィエ)ホゥン(ディエン)リィ
欠席	缺席	quēxí	チュエシー
欠点	缺点	quēdiǎn	チュエディエン
ケミカル	化学	huàxué	ホワァシュエ
下落する	下跌	xiàdiē	シィアディエ
下落相場	熊市, 空头市场	xióngshì, kōngtóushìchǎng	ショォンシイ、 コントォウシイチャン
原因	原因	yuányīn	ユエンイン
ケンウッド(企業名)	健伍	Jiànwǔ	ジィエンウー
見学する	参观	cānguān	ツァングゥアン
見学する	见习/参观	jiànxí/cānguān	ジィエンシー/ツァングゥアン
減価償却費	折旧费	zhéjiùfèi	ヂャアジィウフェイ
現状	目前情况	mùqiánqíngkuàng	ムゥチエンチンクアン
検査	检查	jiǎnchá	ジィアンチャア
現在	现在	xiànzài	シエンツァイ
原材料	原材料	yuáncáiliào	ユエンツァイリャオ
検査基準	检查标准	jiǎnchábiāozhǔn	ヂエンチャアビィヤオヂュン
研削盤	磨床	móchuáng	モウチュアン
減産する	减产	jiǎnchǎn	ジィエンチャン
原産地	原产地	yuánchǎndì	ユエンチャンディー
減資	减资	jiǎnzī	ジィエンヅゥー
研修	进修	jìnxiū	ジンシュウ
検収	验收	yànshōu	イエンショウ
原子力	原子能	yuánzǐnéng	ユエンヅゥーナン
原子炉	核反应堆	héfǎnyìngduī	ホゥーファンインドゥイ
建設業	建设业	jiànshèyè	ジエンシャイエ
現地	当地	dāngdì	ダンディー
建築騒音	建筑噪音	jiànzhùzàoyīn	ジエンヂュザオイン
建築面積	建筑面积	jiànzhùmiànjī	ジエンヂュミエンジイ
現地スタッフ	当地员工	dāngdìyuángōng	ダンディーユエンゴン
検討する	研究	yánjiū	イェンジイウ
現場	现场	xiànchǎng	シェンチャン
現場管理	现场管理	xiànchǎng guǎnlǐ	シェンチャングゥアンリィ
現品	实物	shíwù	シイウー
研磨盤	研磨床	yánmóchuáng	イェンモウチュアン
権利	权利	quánlì	チュエンリィー
コイン式公衆電話	投币电话	tóubìdiànhuà	トォウビーディエンホワァ
工員	工人	gōngrén	ゴォンレン
公益事業	公共事业	gōnggòngshìyè	ゴンゴンシイイエ
効果	效果	xiàoguǒ	シャオグゥオ
硬貨	硬币	yìngbì	インビィー
郊外	郊区	jiāoqū	ジャオチュ
公害	公害	gōnghài	ゴンハイ
後悔する	后悔	hòuhuǐ	ホウホイ
光化学スモッグ	光化学烟雾	guānghuàxuéyānwù	グアンホワァシュエイエンウー
合格	合格	hégé	ホゥーグゥ
合格品	合格品	hégépǐn	ホゥーグゥピン
効果的	效果很好	xiàoguǒhěnhǎo	シャオグゥオヘンハオ
交換	交换	jiāohuàn	ジィヤオホワン
好感	看好	kànhǎo	カンハオ
抗議する	抗议	kàngyì	カンイー
高級分譲住宅	商品房	shāngpǐnfáng	シャンピンファン
鉱業	矿业	kuàngyè	クアンイエ
工業	工业	gōngyè	ゴンイエ
工業団地	工业园区	gōngyèyuánqū	ゴンイエユエンチュ
工具	工具	gōngjù	ゴンジウ
航空会社	航空公司	hángkōnggōngsī	ハンゴォンゴォンスゥー
航空券	(飞)机票	(fēi)jīpiào	(フェイ)ジィピィヤオ
航空便	航空邮件	hángkōngyōujiàn	ハンゴォンヨウジィエン
合計	总计	zǒngjì	ゾンジイ
広告	广告	guǎnggào	グアンガオ
広告コピー	广告用语	guǎnggàoyòngyǔ	グアンガオヨンユゥ
口座	户头/账户	hùtóu/zhànghù	ホゥートォウ/ヂャンホゥー
口座番号	户头号码	hùtóuhàomǎ	ホゥートォウハオマー
黄砂の嵐	沙尘暴	shāchénbào	シャチェンバオ
講師	讲师	jiǎngshī	ジィアンシイ
工事	施工	shīgōng	シィゴォン
公衆電話	公用电话	gōngyòngdiànhuà	ゴォンヨォンディエンホワァ
公衆トイレ	公(共)厕(所)	gōng(gòng)cè(suǒ)	ゴォン(ゴォン)ツゥー(スゥオ)
高周波	频带	píndài	ピンダイ
工場	工厂	gōngchǎng	ゴンチャン
工場の概況	工厂概况	gōngchǎnggàikuàng	ゴンチャンガイクアン
工場労働者	工人	gōngrén	ゴンレン
交渉する	交涉/谈判	jiāoshè/tánpàn	ジィアオシャ/タンパン
工数	工时	gōngshí	ゴンシイ
合成繊維	合成纤维	héchéngxiānwéi	ホゥーチェンシェンウェイ
構造	构造	gòuzào	ゴウザオ
高速道路	高速公路	gāosùgōnglù	ガオスゥーゴォンルウ
好調	顺利	shùnlì	シュンリィ
交通	交通	jiāotōng	ジィヤオトォン
交通事故	交通事故	jiāotōngshìgù	ジィヤオトォンシイグゥ
交通騒音	交通噪音	jiāotōngzàoyīn	ジャオトォンザオイン
交通費	交通费	jiāotōngfèi	ジィアオトォンフェイ
工程	工程	gōngchéng	ゴンチェン
工程管理	工序管理	gōngxùguǎnlǐ	ゴンシュグゥアンリィ
工程検査	工程检查	gōngchéngjiǎnchá	ゴンチェンジェンチャア
工程図	工程图	gōngchéngtú	ゴンチェントゥ
工程分析	工程分析	gōngchéngfēnxī	ゴンチャンフェンシー
購買動機	购买动机	gòumǎidòngjī	ゴウマイドォンジイ

興奮する	兴奋/激动	xīngfèn/jīdòng	シンフェン/ジィドォン
公平	公平	gōngpíng	ゴォンピン
合弁企業	合资企业	hézīqǐyè	ホォーヅゥーチーイエ
公務員	公务员	gōngwùyuán	ゴンウーユエン
項目	项目	xiàngmù	シャンムゥ
小売り	零售	língshòu	リンショォウ
効率	效率	xiàolǜ	シャオリュイ
交流	交流/沟通	jiāoliú/gōutōng	ジィヤオリュウ/ゴォウトォン
5S	五S	wǔS	ウーエス
コーナー	专柜	zhuānguì	チュアングイ
コーヒー	咖啡	kāfēi	カァーフェイ
ゴールデンウィーク	黄金周	huángjīnzhōu	ホワンジンヂョウ
誤解する	误解	wùjiě	ウージィエ
互換性	兼容性	jiānróngxìng	ジィエンロンシン
小切手	支票	zhīpiào	ヂィーピィヤオ
顧客	顾客	gùkè	グゥークゥ
顧客満足度	用户满意程度	yònghùmǎnyìchéngdù	ヨンホゥーマンイーチェンドゥ
国債	国债	guózhài	グゥオヂャイ
国際電話	国际电话	guójìdiànhuà	グゥオジィディエンホワア
国籍	国籍	guójí	グォジィ
国内	国内	guónèi	グゥオネイ
国民	国民/公民	guómín/gōngmín	グゥオミン/ゴォンミン
国民総生産(GNP)	国民生产总值, 国民总产值	guómínshēngchǎnzǒngzhí, guómínzǒngchǎnzhí	グゥオミンシェンチャンツォンヂィー, グゥオミンツォンチャンヂィー
国民党	国民党	guómíndǎng	グゥオミンダァン
国有企業	国企	guóqǐ	グゥオチイー
固形廃棄物	废渣	fèizhā	フェイヂャア
ここ	这儿	zhèr	ヂャーア
午後	下午	xiàwǔ	シィアウー
故障	故障	gùzhàng	グゥヂャン
個人	个人	gèrén	グゥレン
個人株主	个人股东	gèréngǔdōng	グゥレングゥドォン
個人投資家	个人投资家	gèréntóuzījiā	グゥレントウヅゥージィア
コスト	成本	chéngběn	チェンベン
小銭	零钱	língqián	リンチエン
午前	上午	shàngwǔ	シャンウー
答える	回答/答复	huídá/dáfù	ホイダァ/ダァフゥ
コダック(企業名)	柯达	Kēdá	クゥダー
国境	国境	guójìng	グゥオジン
固定為替相場	固定汇率	gùdìnghuìlǜ	グゥディンホイリュイ
固定金利	固定利率	gùdìnglìlǜ	グゥーディンリィリュイ
今年	今年	jīnnián	ジンニエン
断る	拒绝/谢绝	jùjué/xièjué	ジウジュエ/シィエジュエ
コニカ(企業名)	柯尼卡	Kēníkǎ	クゥニイカァー
コネ	关系/门路	guānxì/ménlù	グアンシー/メンルゥ
この	这个	zhègè	ヂャアグゥ

このように	这样	zhèyàng	ヂャアヤン
後場	晚市	wǎnshì	ワンシイ
コピーする	复印	fùyìn	フゥイン
コマーシャル	商品广告	shāngpǐnguǎnggào	シャンピングアンガオ
困る	困难/为难	kùnnán/wéinán	クゥンナン/ウェイナン
ゴミ	垃圾	lājī	ラージィ
ごみ埋め立て処分場	垃圾填埋场	lājītiānmáichǎng	ラージィティエンマイチャン
ごみ焼却工場	垃圾焚烧厂	lājīfénshāochǎng	ラージィフェンシャオチャン
ごみの分別収集	垃圾分类收集	lājīfēnlèishōují	ラージィフェンレイショウジイ
ごみ箱	垃圾箱	lājīxiāng	ラージィシャン
コミッション	佣金	yōngjīn	ヨンジン
ゴム	橡胶	xiàngjiāo	シャンジィヤオ
雇用契約	雇用合同	gùyònghétóng	グゥヨンフゥトォン
ゴルフ	高尔夫球	gāo'ěrfūqiú	ガオアールフゥチュウ
壊す	弄坏/损害	nònghuài/sǔnhài	ノンホワァイ/スゥンハイ
壊れる	坏/破损	huài/pòsǔn	ホワァイ/ポォースゥン
今回	这次/这回	zhècì/zhèhuí	ヂャーツゥ/ヂャーホイ
今月	这个月/本月	zhègèyuè/běnyuè	ヂャーグゥユエ/ベンユエ
今晩	今晚	jīnwǎn	ジィンワン
混雑する	混杂/拥挤	hùnzá/yōngjǐ	ホゥンザァ/ヨンジィ
今週	这个星期	zhègexīngqī	ヂャアグゥシンチー
コンセプト	概念	gàiniàn	ガイニエン
コンセント	插座	chāzuò	チャアヅゥオ
コンタクトレンズ	隐形眼镜	yǐnxíngyǎnjìng	インシンイエンジン
コンテナー	货柜	huògùi	ホゥオグゥイ
コンデンサー	电容器	diànróngqì	ディエンロンチー
コンテンツ	内容	nèiróng	ネイロン
コンビナート	联合企业	liánhéqǐyè	リエンホゥーチーイエ
コンビニ	便利店	biànlìdiàn	ビエンリイディエン
コンビニチェーン	连锁便利店	liánsuǒbiànlìdiàn	リエンスゥオビエンリイディエン
コンピュータ	电脑/计算机	diànnǎo/jìsuànjī	ディエンナオ/ジィスアンジィ
コンベアシステム	传送带系统	chuánsòngdàixìtǒng	チュアンソンダイシートォン
梱包する	包装	bāozhuāng	バオヂュアン

さ 行

SARS	非典	fēidiǎn	フェイディエン
サーバ	服务器/发球员	fúwùqì/fāqiúyuán	フゥウーチー/ファーチュウユエン
サービス産業	服务行业	fúwùhángyè	フゥウーハンイエ
サービスセンター	维修中心	wéixiūzhōngxīn	ウェイシュウヂョオンシン
サービス料	服务费	fúwùfèi	フゥーウーフェイ
最近	最近	zuìjìn	ヅゥイジン
最後	最后	zuìhòu	ヅゥイホォウ
最初	最初/开始	zuìchū/kāishǐ	ヅゥイチュ/カイシィ
最小	最小	zuìxiǎo	ヅゥイシャオ
最新	最新	zuìxīn	ヅゥイシン
最大	最大	zuìdà	ヅゥイダー

最悪 ………… 最坏 ….. zuìhuài ヅゥイホワァイ
再会する …… 再见面/ zàijiànmiàn/ ヅァイジィエンミィエン/
重逢 chóngféng チョオンフォン
再起動 ……… 再启动/ zàiqǐdòng/ ヅァイチィドォン/
重新启动 .. chóngxīnqǐdòng チョオンシンチィードォン
在庫 ………… 库存 ….. kùcún クウツゥン
祭日 ………… 祭祀日/节日 jìsìrì/jiérì ジィスゥリィ/ジェーリィー
最終学歴 ….. 什么学历 .. shénme xuélì シェンマシュエリイ
サイズ ……… 大小/尺寸 dàxiǎo/chǐcùn ダーシャオ/チィーツゥン
財テク ……… 理财技巧 .. lǐcáijìqiǎo リィツァイジイチャオ
サイト ……… 网站 ….. wǎngzhàn ワンチャン
才能 ………… 才能/才干 cáinéng/cáigàn ツァイナン/ツァイガン
サイバーテロ 网上恐怖 .. wǎngshàngkǒngbù ワンシャンコォンブゥー
裁判 ………… 裁判/审理 cáipàn/shěnlǐ ツァイパン/シェンリィ
財布 ………… 钱包 ….. qiánbāo チエンバオ
採用する …… 采用 ….. cǎiyòng ツァイヨン
材料 ………… 材料 ….. cáiliào ツァイリャオ
サインする … 签名 ….. qiānmíng チエンミン
探す ………… (寻)找 .. (xún)zhǎo (シュン)ヂャオ
下がり相場 … 熊市 ….. xióngshì ショオンシイ
作業着 ……… 工作服 … gōngzuòfú ゴンヅゥオフウ
作業基準 .. 作业标准 .. zuòyèbiāozhǔn ヅゥオイエビィャオヂュン
作業靴 ….. 工作鞋 … gōngzuòxié ゴンヅゥオシィエ
作業場 ….. 车间 ….. chējiān チャアジエン
作業表 ….. 加工单 … jiāgōngdān ジィアゴンダン
作業ミス … 操作失误 .. cāozuòshīwù ツァオヅゥオシイウウー
削減する …… 降低 ….. jiàngdī ジィアンディー
作成する …… 制定 ….. zhìdìng ヂィーディン
座席 ………… 座位/座席 zuòwèi/zuòxí ヅゥオウェイ/ヅゥオシー
座席番号 .. 座(位)号(码) zuò(wèi)hào(mǎ) ヅゥオ(ウェイ)ハオ(マァ)
～させる …… 让/使 …. ràng/shǐ ラン/シィ
殺虫剤 ……… 杀虫剂 … shāchóngjì シャーチョオンジイ
さびしい …… 孤单/寂寞 gūdān/jìmò グゥダン/ジィモゥ
差別 ………… 差别/区别 chābié/qūbié チャービィエ/チュウビエ
触る ………… 触摸 ….. chùmō チュウモゥ
三角債 ……… 三角债 … sānjiǎozhài サンジィアオヂャイ
三資企業 ….. 三资企业 .. sānzīqǐyè サンヅゥーチイーイエ
三次元 ……… 三维 ….. sānwéi サンウェイ
三廃 ………… 废水, 废气, 废渣 fèishuǐ,fèiqì,fèizhā フェイシュイ,フェイチー,フェイヂャア
残業 ………… 加班 ……… jiābān ジィアバン
残業時間 .. 加班时间 .. jiābān shíjiān ジィアバンシイジィエン
参加する …… 参加 ….. cānjiā ツァンジィア
産業 ………… 产业 ….. chǎnyè チャンイエ
産業廃棄物 工业排放物 gōngyèpáifàngwù ゴンイエパイファンウゥー
産業廃水 .. 工业废水 .. gōngyèfèishuǐ ゴンイエフェイシュイ
酸性雨 ……… 酸性雨 … suānxìngyǔ スゥアンシンユゥ

残高 ………… 存款余额 .. cúnkuǎnyú'é ツゥンクアンユゥアー
残高照合 .. 核对存款余额 héduìcúnkuǎnyú'é フォドゥイツゥンクアンユゥアー
サントリー(企業名) 三得利 … Sāndélì サンダーリィ
散布図 ……… 散布图 … sànbùtú サンブゥトゥ
サンプル …… 样品 ….. yàngpǐn ヤンピン
サンヨー(企業名) 三洋 ….. Sānyáng サンヤン
仕上げ加工 .. 精加工 … jīngjiāgōng ジンジィアゴォン
しあさって ….. 大后天 … dàhòutiān ダーホウティエン
CD-ROM ….. 光盘 ….. guāngpán グアンパン
CPU ………… 中央处理器 zhōngyāngchǔlǐqì ヂョオンヤンチュリィチー
シーメンス(企業名). 西门子 … Xīménzǐ シーメンヅゥ
試運転 ……… 试运转 … shìyùnzhuǎn シイユンヂュアン
シェア ……… 市场占有率 shìchǎngzhànyǒulǜ シイチャンヂャンヨウリュイ
私営企業 ….. 私营企业 .. sīyíngqǐyè スゥーインチイーイエ
自営業 ……… 个体户 … gètǐhù グゥティーフゥ
仕送りする … 寄生活费 .. jìshēnghuófèi ジィシェンホゥオフェイ
資格 ………… 资格/身份 zīgé/shēnfèn ヅゥーグゥ/シェンフェン
仕掛品 ……… 半制品 … bànzhìpǐn バンヂィーピン
しかし ……… 但是/可是 dànshì/kěshì ダンシィ/クゥシィ
自家用車 ….. 私家车 … sījiāchē スゥージィアチャア
時間 ………… 时间 ….. shíjiān シイジィエン
時間通り … 准时 ….. zhǔnshí チュンシイ
私企業 ……… 私营企业 .. sīyíngqǐyè スゥーインチーイエ
敷地面積 ….. 占地面积 .. zhàndìmiànjī チャンディーミエンジイ
至急 ………… 马上 ….. mǎshàng マァシャン
市況 ………… 行情 ….. hángqíng ハンチン
始業前 ……… 开始工作之前 kāishǐgōngzuòzhīqián カイシイゴンヅゥオヂィーチエン
ジグ ………… 夹具 ….. jiājù ジィアジゥ
試験 ………… 实验/考试 shíyàn/kǎoshì シィイエン/カオシィ
資源 ………… 资源 ….. zīyuán ヅゥーユエン
事故 ………… 事故 ….. shìgù シイグゥ
事項 ………… 事项 ….. shìxiàng シイシャン
時差 ………… 时差 ….. shíchā シィチャア
資材 ………… 资材 ….. zīcái ヅゥーツァイ
試作品 ……… 试制品 … shìzhìpǐn シイヂィーピン
資産運用 ….. 理财 ….. lǐcái リイツァイ
支社 ………… 分公司 … fēngōngsī フェンゴンスゥー
辞書 ………… 词库 ….. cíkù ツゥークゥ
市場 ………… 市场 ….. shìchǎng シイチャン
市場主義経済 市场经济 .. shìchǎngjīngjì シイチャンジンジィ
辞職する ……… 辞职 ….. cízhí ツゥーヂィー
次世代 ……… 下一代 … xiàyīdài シィアイーダイ
自然食品 ….. 生态食品 .. shēngtàishípǐn シェンタイシイピン
自然保護区 .. 自然保护区 zìránbǎohùqū ヅゥーランバオフゥーチュー
シチズン(企業名) 西铁城 … Xītiěchéng シーティエチェン
視聴率 ……… 收视率 … shōushìlǜ ショウシイリュイ

日本語	中国語	ピンイン	読み
室温	室温	shìwēn	シイウェン
実業家.........	实业家 ...	shíyèjiā	シィイエジィア
失業する	下岗	xiàgǎng	シィアガン
実際の操作 ..	实际操作 ..	shíjìcāozuò	シイジイツァオヅゥオ
実施する	实施	shíshī	シイシイ
実績	实际成绩 ..	shíjìchéngjī	シイジイチェンジイ
失敗	失败	shībài	シィバァイ
実費	实际费用 ..	shíjìfèiyòng	シイジイフェイヨン
質問	质问	zhìwèn	ヂィーウェン
失礼な	失礼的/不礼貌的	shīlǐde/bùlǐmàode	シィリィダ/ブウリィマオダ
指定銘柄	指定牌名 ..	zhǐdìngpáimíng	ヂィーディンパイミン
指摘する	指出	zhǐchū	ヂィチュ
指導する	指导	zhǐdǎo	ヂィダオ
自動制御	自控	zìkòng	ヅゥーコン
自動倉庫	自动化仓库	zìdònghuàcāngkù	ヅゥードォンホワァカンクゥ
シトロエン(企業名)	神龙	Shénlóng	シェンロォン
支配人	管理人/经理	guǎnlǐrén/jīnglǐ	グアンリィレン/ジンリィ
地場産業	地方工业 ..	dìfānggōngyè	ディーファンゴンイエ
私物	个人物品 ..	gèrénwùpǐn	グゥレンウーピン
自分	自己	zìjǐ	ヅゥージィ
紙幣	纸币	zhǐbì	ヂィーピィ
資本家	资本家 ...	zīběnjiā	ヅゥーベンジィア
資本主義 ..	资本主义 ..	zīběnzhǔyì	ヅゥーベンヂューイー
シミュレーター .	模拟器 ...	mónǐqì	モゥニイチー
事務所	办公室 ...	bàngōngshì	バンゴンシイ
事務職	事务人员 ..	shìwùrényuán	シィーウーレンユエン
事務机	办公桌 ...	bàngōngzhuō	バンゴンヂョオウ
氏名	姓名	xìngmíng	シンミン
閉める	关（闭） ..	guān(bì)	グアン(ピィ)
シャープ(企業名)	夏普	Xiàpǔ	シィアプゥ
社員	员工	yuángōng	ユエンゴン
社員研修 ..	员工培训 ..	yuángōngpéixùn	ユアンゴンペイシュン
社員食堂 ..	员工食堂 ..	yuángōngshítáng	ユエンゴンシイタン
社員になる	转正	zhuǎnzhèng	ヂュアンヂェン
社会貢献活動(メセナ)	公益活动 ..	gōngyìhuódòng	ゴンイーホゥオドォン
市役所	市政府 ...	shìzhèngfǔ	シィヂェンフゥ
ジャスト・イン・タイム	准时生产方式	zhǔnshíshēngchǎnfāngshì	ヂュンシイシェンチャンファンシイ
社長	总经理 ...	zǒngjīnglǐ	ゾォンジンリイー
シャツ	衬衫	chènshān	チェンシャン
ジャッキ	千斤顶 ...	qiānjīndǐng	チエンジンディン
借金	借款/负债	jièkuǎn/fùzhài	ジィエクアン/フゥチャイ
邪魔をする ...	碍事/打扰	àishì/dǎrǎo	アイシィ/ダァラオ
上海取引所指数	上证指数 ..	shàngzhèngzhǐshù	シャンヂェンヂィーシュウ
ジャン決め ...	拍板	pāibǎn	パイバン
自由市場	集贸市场 ..	jímàoshìchǎng	ジイマオシイチャン
自由化	自由化 ...	zìyóuhuà	ヅゥヨウホワァ

日本語	中国語	ピンイン	読み
習慣	习惯/风俗	xíguàn/fēngsú	シーグアン/フォンスゥー
周期	周期	zhōuqī	ヂョウチー
週休2日	双休日 ...	shuāngxiūrì	シュアンシュウリー
従業員	员工	yuángōng	ユエンゴン
就業規則	员工手册 ..	yuángōngshǒucè	ユエンゴンショウツゥアー
重工業	重工业 ...	zhònggōngyè	チョオンゴンイエ
重視する	重视	zhòngshì	ヂョオンシイ
修正液	涂改液 ...	túgǎiyè	トゥガイイエ
集積回路	集成电路 ..	jíchéngdiànlù	ジイチェンディエンルウ
渋滞	堵塞	dǔsè	ドゥーサァ
住宅ローン ...	住房按揭贷款	zhùfáng'ànjiēdàikuǎn	チュウファンアンジイエダイグアン
集中する	集中	jízhōng	ジィヂョォン
充電する	充电	chōngdiàn	チョオンディエン
習得する	学会	xuéhuì	シュエホイ
収入	收入	shōurù	ショウルゥ
周波数	频率	pínlǜ	ピンリュイ
充分	充分/足够	chōngfèn/zúgòu	チョォンフェン/ヅゥゴォウ
重要部品	重要零件 ..	zhòngyàolíngjiàn	チョオンヤオリンジエン
修理する	修理	xiūlǐ	シュウリイ
需給ギャップ	供求差额 ..	gōngqiúchā'é	ゴンチュウチャ アー
宿泊費	住宿费 ...	zhùsùfèi	ヂュスーフェイ
熟練	熟练	shúliàn	シュウリエン
樹脂	树脂	shùzhǐ	シューヂィー
受信	接收	jiēshōu	ジイエショウ
受注生産	订货生产 ..	dìnghuòshēngchǎn	ディンホゥオシェンチャン
出荷	出厂	chūchǎng	チュチャン
出荷検査 ..	出产检查 ..	chūchǎn jiǎnchá	チュチャンジエンチャア
出勤率	出勤率 ...	chūqínlǜ	チュチンリュイ
出血大特価 ..	出血价 ...	chūxuějià	チュウシュエジイア
出国カード ...	出境卡 ...	chūjìngkǎ	チュジンカァ
出社	上班	shàngbān	シャンバン
出席する	参加	cānjiā	ツァンジイア
出張費	出差费 ...	chūchāifèi	チュチャイフェイ
出発する	出发	chūfā	チュウファー
朱肉	印泥	yìnní	インニイ
趣味	爱好/趣味	àihào/qùwèi	アイハオ/チュウェイ
重要	重要	zhòngyào	チョオンヤオ
主力銘柄	主力品种 ..	zhǔlìpǐnzhǒng	ヂュリイピンヂョォン
種類	种类	zhǒnglèi	ヂョオンレイ
巡回	巡视	xúnshì	シュンシイ
潤滑油	润滑油 ...	rùnhuáyóu	ルゥホワァヨウ
遵守する	遵守	zūnshǒu	ヂュンショウ
準備する	准备	zhǔnbèi	ヂュンベイ
省エネ	节能	jiénéng	ジィエナン
紹介する	介绍	jièshào	ジエシャオ
消火器	灭火器 ...	mièhuǒqì	ミエホゥオチー

日本語	中国語	ピンイン	読み
試用期間	试用期	shìyòngqī	シイヨンチー
商業	商业	shāngyè	シャンイエ
状況	情况	qíngkuàng	チンクアン
条件	条件	tiáojiàn	ティヤオジィエン
証券アナリスト	证券分析师	zhèngquànfēnxīshī	チェンチュエンフェンシーシイ
証券会社	证券公司	zhèngquàngōngsī	チェンチュエンゴンスゥー
証券取引所	证券交易所	zhèngquànjiāoyìsuǒ	チェンチュエンジィヤオイースゥオ
証拠	证据	zhèngjù	チェンジウ
正午	中午/正午	zhōngwǔ/zhèngwǔ	チョォンウー/チェンウー
上司	上司/上级	shàngsī/shàngjí	シャンスゥー/シャンジィ
乗車券	车票	chēpiào	チャアピャオ
仕様書	规格单	guīgédān	グゥイグゥダン
上場株	上市股票	shàngshìgǔpiào	シャンシィグゥピィヤオ
上場する	上市	shàngshì	シャンシイ
上昇相場	牛市	niúshì	ニュウシイ
招待	招待	zhāodài	チャオダイ
状態	状态	zhuàngtài	チュアンタイ
冗談を言う	开玩笑	kāiwánxiào	カイワンシャオ
承認する	认可	rènkě	レンクゥ
商売	买卖/生意	mǎimài/shēngyì	マイマイ/シェンイー
商品	商品	shāngpǐn	シャンピン
情報	信息	xìnxī	シンシー
情報技術	信息技术	xìnxījìshù	シンシージイシュ
情報処理	信息处理	xìnxīchǔlǐ	シンシーチュリイ
条約	条约	tiáoyuē	ティヤオユエ
将来	将来/未来	jiānglái/wèilái	ジィアンライ/ウェイライ
使用料	使用材料	shǐyòngcáiliào	シィヨォンツァイリャオ
省力化	省力化	shěnglìhuà	シェンリイホワァ
ショート	短路	duǎnlù	ドゥアンルウ
ショートカット	捷径	jiéjìng	ジィエジン
食券	餐券	cānquàn	ツァンチュエン
祝祭日補助手当	过节钱	guòjiéqián	グゥオジィエチエン
食事	吃饭	chīfàn	チィーファン
食事しながら話す	边吃边谈	biānchībiāntán	ビアンチービアンタン
職場	岗位	gǎngwèi	ガンウェイ
職場責任	岗位责任制	gǎngwèizérènzhì	ガンウェイザアレンヂィー
食費	餐费	cānfèi	ツァンフェイ
食品汚染	食品污染	shípǐnwūrǎn	シイピンウーラン
除草剤	除草剂	chúcǎojì	チュツァオジイ
書類	文件	wénjiàn	ウェンジィエン
知らせる	通知	tōngzhī	トォンヂィー
調べる	调查/检查	diàochá/jiǎnchá	ディヤオチャア/ジィアンチャア
シリコン・バレー	硅谷	guīgǔ	グゥイグゥ
資料	资料	zīliào	ヅゥーリャオ
シリンダー	气缸	qìgāng	チーガン
知る	知道/认识	zhīdào/rènshí	ヂィーダオ/レンシィ

日本語	中国語	ピンイン	読み
申告	申报	shēnbào	シェンバオ
深刻	深刻/严重	shēnkè/yánzhòng	シェンクゥ/イエンヂョォン
人材募集	招聘人才	zhāopìnréncái	ヂャオピンレンツァイ
診察する	看病	kànbìng	カンビン
人事	人事	rénshì	レンシイ
申請	申请	shēnqǐng	シェンチン
新製品	新产品	xīnchǎnpǐn	シンチャンピン
振動	振动	zhèndòng	チェンドォン
新入社員	新员工	xīnyuángōng	シンユエンゴン
新聞	报纸	bàozhǐ	バオヂィー
進歩する	进步	jìnbù	ジンブゥ
信用取引	保证金交易	bǎozhèngjīnjiāoyì	バオヂェンジンジィヤオイー
信頼する	信赖	xìnlài	シンライ
信頼性	可靠性	kěkàoxìng	クゥカオシン
診療所	医务室	yīwùshì	イーウーシイ
森林激減	森林锐减	sēnlínruìjiǎn	センリンルイジエン
水産業	水产业	shuǐchǎnyè	シュエイチャンイエ
水質悪化	水质恶化	shuǐzhì'èhuà	シュイヂィーアールホワァ
水準	水平	shuǐpíng	シュイピン
推薦	推荐	tuījiàn	トゥイジィエン
スイッチ	开关	kāiguān	カイグアン
水道	自来水	zìláishuǐ	ヅゥライシュエイ
水平	水平	shuǐpíng	シュイピン
数字	数字	shùzì	シュウヅゥ
数値制御	数控	shùkòng	シュウコン
スーパーマーケット	自选商场	zìxuǎnshāngchǎn	ヅゥシュエンシャンチャン
数量	数量	shùliàng	シュウリャン
据え付ける	安装	ānzhuāng	アンヂュアン
好き	喜欢	xǐhuān	シーホワン
スキャナー	扫描机	sǎomiáojī	サオミャオジイ
	扫描仪	sǎomiáoyí	サオミャオイー
すぐに	马上/立刻	mǎshàng/lìkè	マァシャン/リィクゥ
スケール	比例尺	bǐlìchǐ	ビイリイチー
すこし	稍微/一点儿	shāowēi/yīdiǎnr	シャオウェイ/イーディアール
スズキ(企業名)	铃木	Língmù	リンムウ
スターバックス	星巴克	Xīngbākè	シーバークゥ
スチレン	苯乙烯	běnyǐxī	ベンイーシー
すでに	已经	yǐjīng	イージン
捨てる	扔掉	rēngdiào	レンディアオ
ストライキ	罢工/罢课	bàgōng/bàkè	バーゴォン/バークゥ
スパナ	扳手	bānshǒu	バンショウ
スピード	速度/快速	sùdù/kuàisù	スゥドゥ/クアイスゥ
スペック	规格单	guīgédān	グゥイグゥダン
すべて	全部/都	quánbù/dōu	チュエンブゥ/ドォウ
スポンサー	赞助商	zànzhùshāng	ザンヂュウシャン
済む	完了/了结	wánle/liǎojié	ワンラ/リャオジィエ

図面 ……… 图纸 túzhǐ トゥディー
フライス盤 … 铣床 xǐchuáng シーチュアン
ずるい ……… 狡猾/滑头 jiǎohuá/huátóu ジャオホワァ/ホワァトォウ
鋭い ……… 锋利/敏锐 fēnglì/mǐnruì フォンリィ/ミンルイ
スローガン … 口号 kǒuhào コウハオ
寸法 ……… 尺寸 chǐcùn チーツゥン
誠意 ……… 诚意 chéngyì チェンイー
性格 ……… 性格 xìnggé シングゥ
正確 ……… 正确 zhèngquè チェンチュエ
生活 ……… 生活 shēnghuó シェンホゥオ
正規版 ……… 正版 zhèngbǎn チェンバン
請求書 ……… 账单 zhàngdān チャンダン
請求する …… 索取 suǒqǔ スゥオチュ
税金 ……… 税款 shuìkuǎn シュイクアン
制限 ……… 限制 xiànzhì シエンディー
成功する …… 成功 chénggōng チェンゴォン
セイコー(企業名) 精工 Jīnggōng ジンゴォン
セイコー・エプソン(企業名) 爱普生 Aipǔshēng アイプゥシェン
製作 ……… 制作 zhìzuò ディーヅゥオ
生産会議 …… 生产会议 shēngchǎnhuìyì シェンチャンホイイー
　生産額 …… 产值 chǎnzhí チェンディー
　生産管理 .. 生产管理 shēngchǎnguǎnlǐ シェンチャングゥアンリィ
　生産計画 .. 生产计划 shēngchǎnjìhuà シェンチャンジィホゥア
　生産する .. 生产 shēngchǎn シェンチャン
　生産性 …… 生产率 shēngchǎnlǜ シェンチャンリュイ
　生産高 …… 产量 chǎnliàng チャンリャン
　生産中止 .. 停产 tíngchǎn ティンチャン
　生産ライン 生产线 shēngchǎnxiàn シェンチャンシィエン
精算する …… 报销 bàoxiāo バオシャオ
　精算表 …… 报销单 bàoxiāodān バオシャオダン
政治家 ……… 政治家 zhèngzhìjiā チェンディジィア
成績 ……… 成绩 chéngjī チェンジィ
製造 ……… 制造 zhìzào ディーザオ
　製造過程 .. 生产过程 shēngchǎnguòchéng シェンチャングゥオチェン
　製造業 …… 制造业 zhìzàoyè ディーザオイエ
　製造原価 .. 生产成本 shēngchǎn chéngběn シェンチャンチェンベン
　製造費 …… 生产费用 shēngchǎn fèiyòng シェンチャンフェイヨン
　製造物責任 产品质量责任 chǎnpǐnzhìliàngzérèn チャンピンディーリャンザァレン
成長株 ……… 成长股 chéngzhǎnggǔ チェンヂャングゥ
成長する …… 成长 chéngzhǎng チェンヂャン
精度 ……… 精度 jīngdù ジンドゥ
製品 ……… 产品 chǎnpǐn チャンピン
制服 ……… 制服 zhìfú ディーフゥ
精密機械 …… 精密机器 jīngmìjīqì ジンミィージイチー
整理する …… 整理 zhěnglǐ チェンリィ
西暦 ……… 阳历/公历 yánglì/gōnglì ヤンリィ/ゴォンリィ
セーフガード . 限制保护 xiànzhìbǎohù シエンディーバオフゥ
セールスマン 推销员 tuīxiāoyuán トゥイシャオユエン
世界ブランド 世界品牌 shìjièpǐnpái シイージィエピンパイ
石炭 ……… 煤炭 méitàn メイタン
石油化学 …… 石油化学 shíyóuhuàxué シイヨウホワァシュエ
セキュリティー 保密 bǎomì バオミィ
施工 ……… 施工 shīgōng シイゴン
絶縁材 ……… 绝缘材料 juéyuáncáiliào ジュエユエンツァイリャオ
　絶縁体 …… 绝缘体 juéyuántǐ ジュエユエンティ
積極的に …… 积极 jījí ジイジイ
設計 ……… 设计 shèjì シャジィ
　設計変更 .. 设计变更 shèjìbiàngēng シャジィビエンゲン
切断機 ……… 切断机 qiēduànjī チィエドゥアンジイ
設定する …… 设定 shèdìng シャディン
窃盗事件 …… 盗窃案 dàoqiè'àn ダオチィエアン
セットメニュー 套餐 tàocān タオツァン
設備 ……… 设备 shèbèi シャベイ
説明書 ……… 说明书 shuōmíngshū ショゥオミンシュ
説明する …… 说明 shuōmíng ショォウミン
ゼネラル・モーターズ(企業名) 通用 Tōngyòng トォンヨン
ゼムクリップ . 回形针 huíxíngzhēn ホイシンヂェン
セロテープ … 胶带 jiāodài ジィアオダイ
専攻 ……… 专业 zhuānyè チュアンイエ
潜在赤字 …… 潜亏 qiǎnkuī チエンクゥイ
先週 ……… 上个星期 shànggé xīngqī シャングゥシンチー
先進国 ……… 发达国家 fādáguójiā ファーダーグゥオジィア
　　　　　　先进国家 xiānjìnguójiā シエンジングゥオジィア
全数 ……… 全数 quánshù チュエンシュウ
センターライン 中心线 zhōngxīnxiàn ヂォオンシンシィエン
洗濯乾燥機 .. 洗衣干衣机 xǐyīgānyījī シーイーガンイージイ
先端技術 …… 尖端技术 jiānduānjìshù ジイエンドゥアンジイシュ
専任 ……… 专职 zhuānzhí チュアンヂィー
前場 ……… 早市 zǎoshì ザオシイ
専売特許 …… 专利 zhuānlì チュアンリイ
旋盤 ……… 车床 chēchuáng チャーチュアン
全部 ……… 全部 quánbù チュエンプゥ
専門店 ……… 专卖店 zhuānmàidiàn チュアンマイディエン
先約がある … 事先有约 shìxiānyǒuyuē シイシィエンヨウユエ
専用 ……… 专用 zhuānyòng チュアンヨン
　専用回線 .. 专线 zhuānxiàn チュアンシエン
草案 ……… 草案 cǎo'àn ツァオアン
騒音 ……… 噪音 zàoyīn ザオイン
　騒音計 …… 噪音测试器 zàoyīncèshìqì ザオインツァシイチー
操業開始 …… 投产 tóuchǎn トウチャン
倉庫 ……… 仓库 cāngkù ツァンクゥ
操作 ……… 操作 cāozuò ツァオヅゥオ

増産する	増产	zēngchǎn	ゼンチャン
増産計画	増产计划	zēngchǎnjìhuà	ゼンチャンジィホワァ
増産措置	增产措施	zēngchǎncuòshī	ゼンチャンジィホワァツゥオシイ
増資	增资	zēngzī	ゼンヅゥー
掃除する	打扫	dǎsǎo	ダーサオ
送受信	收发	shōufā	ショウファ
送信	发射	fāshè	ファシャ
想像する	想象	xiǎngxiàng	シャンシャン
相談	商量	shāngliàng	シャンリャン
装置	装置	zhuāngzhì	チュアンヂィー
送電	输电	shūdiàn	シュウディエン
相場	行情/行市	hángqíng/hángshì	ハンチン/ハンシイ
増幅	放大	fàngdà	ファンダー
層別抽出	分层抽样	fēncéngchōuyàng	フェンツゥオンチョウヤン
総務	总务	zǒngwù	ヅォンウー
送料	邮费	yóufèi	ヨウフェイ
育てる	养育/培养	yǎngyù/péiyǎng	ヤンユゥ/ペイヤン
卒業	毕业	bìyè	ビイーイエ
ソニー(企業名)	索尼	Suǒní	スゥオニィ
ソフトウェア	软件	ruǎnjiàn	ルアンジィエン
損害	损害/损失	sǔnhài/sǔnshī	スゥンハイ/スゥンシィ
尊敬する	尊敬	zūnjìng	ヅゥンジン
損失補填	补偿损失	bǔchángsǔnshī	ブゥチャンスゥンシイ

た 行

ターゲット	目标	mùbiāo	ムウビィヤオ
タービン	透平机	tòupíngjī	トォウピンジイ
ダイオキシン	二恶英	èr'èyīng	アールアーイン
対外貿易額	对外贸易金额	duìwàimàoyìjīn'é	ドゥイワイマオイージンアー
退社	下班	xiàbān	シィアバン
退職	退职	tuìzhí	トゥイヂィー
対処する	处理	chǔlǐ	チュウリイ
体制	体制	tǐzhì	ティヂィー
大切	重要	zhòngyào	ヂョォンヤオ
代替エネルギー	替代能源	tìdàinéngyuán	ティーダイナンユエン
台帳	登记册/底账	dēngjìcè/dǐzhàng	ドォンジイツァ/ディヂャン
態度がよい	态度好	tàidùhǎo	タイドゥーハオ
態度が悪い	态度不好	tàidùbùhǎo	タイドゥーブゥハオ
ダイハツ(企業名)	大发	Dàfā	ダーファー
大部分	大部分	dàbùfēn	ダーブゥフェン
タイムカード	计时卡	jìshíkǎ	ジイシイカァ
タイムカードを押す	打卡	dǎkǎ	ダーカァ
ダイヤルアップ	电话拨号	diànhuàbōhào	ディエンホワァボーハオ
ダイヤルゲージ	千分表	qiānfēnbiǎo	チエンフェンビャオ
太陽エネルギー	太阳能	tàiyángnéng	タイヤンナン
代理店	代理商	dàilǐshāng	ダイリシャン

大量生産	大量生产	dàliàngshēngchǎn	ダーリャンシェンチャン
ダイレクトメール	邮寄广告	yōujìguǎnggào	ヨウジイグアンガオ
台湾	台湾	táiwān	タイワン
ダウ・ジョーンズ指数	道琼斯指数	“dàoqióngsīzhǐshù,	ダオチョオンスゥーヂィー
	道指	dàozhǐ”	シュウ、ダオヂィー'
ダウ平均	道−琼斯股价	dàoqióngsīgǔjià	ダオチョオンスゥーグゥ
	平均指数	píngjūnzhǐshù	ジィアピンジュンヂーシュ
ダウンロード	下载	guì	グゥイ
高い(高さ)	高	gāo	ガオ
高い(値段)	贵	guì	グゥイ
高値引け	高价收盘	gāojiàshōupán	ガオジィアショウパン
タクシー	出租车/的士	chūzūchē/díshì	チュヅゥチャア/ディシィ
多国籍企業	跨国公司	kuàguógōngsī	クゥアグゥオゴンスゥー
	跨国企业	kuàguó qǐyè	クゥアグゥオチーイエ
確かめる	确认	quèrèn	チュエレン
タスクバー	任务栏	rènwùlán	レンウーラン
助ける	帮助	bāngzhù	バンヂュ
訪ねる	访问/拜访	fǎngwèn/bàifǎng	ファンウェン/バイファン
正しい	正确/对	zhèngquè/duì	ヂェンチュエ/ドゥイ
多チャンネル	多频道	duōpíndào	ドゥオピンダオ
立て替える	垫付	diànfù	ディエンフゥ
縦型	立式	lìshì	リィシイ
立て削り盤	插床	chāchuáng	チャアチュアン
建屋	厂房	chǎngfáng	チャンファン
棚卸し	盘点	pándiǎn	パンディエン
楽しむ	愉快/享乐	yúkuài/xiǎnglè	ユゥクァイ/シャンショウ
タバコ	烟（草）	yān(cǎo)	イエン(ツァオ)
WTO	世贸	shìmào	シイマオ
ダブルクリック	双击	shuāngjī	シュアンジイ
騙す	欺骗	qīpiàn	チィーピエン
試す	尝试	chángshì	チャンシィ
ためらう	犹豫/踌躇	yóuyù/chóuchú	ヨウユゥ/チョウチュ
保つ	保持	bǎochí	バオチー
頼る	依赖/依靠	yīlài/yīkào	イーライ/イーカオ
足りない	不足/不够	bùzú/búgòu	ブゥヅゥ/ブゥゴォウ
足りる	足/够	zú/gòu	ヅゥ/ゴォウ
誰	谁	shuí	シュエイ
炭化水素	烃	jīng	ジン
短期	短期	duǎnqī	ドゥアンチィ
単語	单词	dāncí	ダンツゥ
短所	短处/缺点	duǎnchù/quēdiǎn	ドゥアンチュ/チュエディエン
男女平等	男女平等	nánnǚpíngděng	ナンニュウピンドォン
団体	集体/团体	jítǐ/tuántǐ	ジィティ/トゥアンティ
担当する	负责	fùzé	フゥザァ
段取り	准备	zhǔnbèi	ヂュンベイ
短波放送	短波广播	duǎnbōguǎngbō	ドゥアンボーグアンボー

日本語	中国語	ピンイン	読み
ダンピング	倾销	qīngxiāo	チンシャオ
単利	单利	dānlì	ダンリィ
小さい	小	xiǎo	シィャオ
チェーン店	连锁店	liánsuǒdiàn	リエンスゥオディエン
チェック(小切手)	支票	zhīpiào	チィーピィヤオ
チェックアウト	（酒店）退房	tuìfáng	トゥイファン
チェックイン	（酒店等）登记	dēngjì	ドォンジィ
チェックシート	调查表	diàochábiǎo	ディアオチャアビィヤオ
地下	地下	dìxià	ディシィア
近い	将近	jiāngjìn	ジィアンジィン
違う	不同/不对	bùtóng/búduì	ブゥトォン/ブゥドゥイ
地下鉄	地（下）铁	dì(xià)tiě	ディ(シィア)ティエ
地球の温暖化	全球变暖	quánqiúbiànnuǎn	チュエンチュウビエンヌァン
遅刻する	迟到	chídào	チィダオ
知識	知识	zhīshí	ヂィーシィ
地上波放送	地面广播	dìmiànguǎngbō	ディーミエングゥアンボー
知人	熟人/朋友	shúrén/péngyǒu	シュウレン/ポォンヨウ
地図	地图	dìtú	ディートゥ
窒素酸化物	氮氧化物	dànyǎnghuàwù	ダンヤンホワァウー
知的所有権	知识产权	zhīshíchǎnquán	ヂィーシイチャンチュエン
地方	地方	dìfāng	ディファン
チャート	图表	túbiǎo	トゥービィヤオ
着任手当て	安家费	ānjiāfèi	アンジィアフェイ
着用する	穿戴	chuāndài	チュアンダイ
チャック	卡盘	kǎpán	カァーパン
チャット	聊天	liáotiān	リャオティエン
チャンス	机会	jīhuì	ジィホイ
チャンネル	频道	píndào	ピンダオ
注意する	注意	zhùyì	ヂューイー
中央テレビ局	央视	yāngshì	ヤンシイ
中間配当	期中股息	qīzhōnggǔxī	チーヂョオングゥシー
中国	中国	zhōngguó	ヂョオングゥオ
中国語	中文/汉语	zhōngwén/hànyǔ	ヂョオンウェン/ハンユゥ
中国人	中国人	zhōngguórén	ヂョオングゥオレン
中古住宅	二手房	èrshǒufáng	アーショウファン
中止	中止	zhōngzhǐ	ヂョオンヂィー
昼食	午餐/午饭	wǔcān/wǔfàn	ウーツァン/ウーファン
中心	中心/重点	zhōngxīn/zhòngdiǎn	ヂョオンシン/ヂョオンディエン
中等専門学校	中专	zhōngzhuān	ヂョオンヂュアン
チューナー	调谐器	tiáoxiéqì	ティヤオシィエチー
注文書	订货单	dìnghuòdān	ディンホゥオダン
注文する	订购/订做	dìnggòu/dìngzuò	ディンゴォウ/ディンヅゥオ
超合金	超级合金	chāojíhéjīn	チャオジイホゥージン
朝食	早餐/早饭	zǎocān/zǎofàn	ザオツァン/ザオファン
調整する	调整	tiáozhěng	ティアオヂェン
調達	供应	gōngyìng	ゴンイン
超伝導	超导	chāodǎo	チャオダオ
超伝導物資	超导材料	chāodǎocáiliào	チャオダオツァイリャオ
ちょうどいい	正好	zhènghǎo	ヂェンハオ
直接	直接	zhíjiē	ヂィージィエ
著作権	著作权	zhùzuòquán	ヂュヅゥオチュエン
チンピラ	流氓	liúmáng	リュウマン
ツアー	（团体）旅游	(tuántǐ)lǚyóu	(トゥアンティ)リュヨウ
追加	追加	zhuījiā	ヂュイジィア
追求する	追求	zhuīqiú	ヂュイチゥウ
通貨	流通货币	liútōnghuòbì	リュウトォンホゥオビィ
通信	通信	tōngxìn	トォンシン
通訳する	口译	kǒuyì	コウイー
使い捨てカメラ	一次性相机	yīcìxìngxiàngjī	イーツゥーシンシャンジィ
使う	使用	shǐyòng	シイヨン
使う(金、時間)	花费	huāfèi	ホワァフェイ
疲れる	疲劳	píláo	ピィラオ
月	月亮	yuèliàng	ユエリャン
次	其次/下一个	qícì/xiàyīcì	チィーツゥ/シィアイーツゥ
机	桌子	zhuōzi	ヂョウオヅゥ
伝える	转告	zhuǎngào	ヂュアンガオ
つなぐ	接通	jiētōng	ジィエトォン
強気相場	牛市	niúshì	ニュウシイ
吊り上げる	起吊	qǐdiào	チーディアオ
提案する	建议	jiànyì	ジエンイー
ディーラー	证券自营商	zhèngquànzìyíngshāng	ヂェンチュエンヅゥーインシャン
定期検査	定期检修	dìngqījiǎnxiū	ディンチージエンシュウ
テイクアウト	外带	wàidài	ワイダイ
抵抗	电阻	diànzǔ	ディエンヅゥ
ディスク	磁盘	cípán	ツゥーパン
ディスプレー	显示器	xiǎnshìqì	シエンシイチー
定年	退休	tuìxiū	トゥイシュウ
手入れ	保养	bǎoyǎng	バオヤン
データ	数据	shùjù	シュジウ
データベース	数据库	shùjùkù	シュジウクゥ
出かける	出门/外出	chūmén/wàichū	チュウメン/ワイチュウ
出稼ぎで働く	打工	dǎgōng	ダーゴン
出稼ぎ労働者	民工	míngōng	ミンゴン
手紙	书信/信函	shūxìn/xìnhán	シュシン/シンハン
テキストファイル	文本文件	wénběnwénjiàn	ウェンベンウェンジィエン
出来高	成交量	chéngjiāoliàng	チェンジィヤオリャン
～できない	不能/不会	bùnéng/búhuì	ブナン/ブゥホイ
～できる	能够/会	nénggòu/huì	ナンゴウ/ホイ
できるだけ早く	尽快	jǐnkuài	ジンクアイ
出口	出口	chūkǒu	チュコォウ
デザイン	图案	tú'àn	トゥーアン
デジタル	数码	shùmǎ	シュマー

デジタルカメラ … 数码相机 shùmǎxiàngjī シュウマーシャンジイ
デジタルデバイド … 数字鸿沟 shùzìhónggōu シュヅゥホンゴウ
デジタルビデオカメラ … 数码摄像机 shùmǎshèxiàngjī シュウマーシャーシャンジイ
手仕舞い … 平仓 píngcāng ピンツァン
手数料 … 手续费 shǒuxùfèi ショウシュフェイ
デスクトップ … 桌面 zhuōmiàn ヅョォウミエン
デスクトップパソコン 台式电脑 táishìdiànnǎo タイシイディエンナオ
テスター … 万能表 wànnéngbiǎo ワンナンビィヤオ
テスト … 试验 shìyàn シイイエン
手伝う … 帮忙/帮助 bāngmáng/bāngzhù バンマン/バンヂュ
手続き … 手续/程序 shǒuxù/chéngxù ショウシュ/チェンシュ
手配する … 安排 ānpái アンパイ
手袋 … 手套 shǒutào ショウタオ
デフレ・スパイラル 通货紧缩循环，螺旋型通货紧缩 tōnghuòjǐnsuōxúnhuán, luóxuánxíngtōnghuòjǐnsuō トンホゥオジンスゥオシュンホワン、ルゥオシュエンシントンホゥオジンスゥオ
テフロン … 聚四氟乙烯 jùsìfúyǐxī ジウスゥーフウイーシー
出前を頼む … 叫外送 jiàowàisòng ジィヤオワイソン
出る(出てくる) 出（来） chū(lái) チュライ
テレビ … 电视 diànshì ディエンシイ
テレホンICカード 电话ＩＣ卡 diànhuà IC kǎ ディエンホワアイシーカァ
電圧 … 电压 diànyā ディエンヤー
　電圧レベル 电平 diànpíng ディエンピン
展開する … 开展 kāizhǎn カイヂャン
電気 … 电 diàn ディエン
　電気回路 … 电路 diànlù ディエンルウ
　電気自動車 电动汽车 diàndòngqìchē ディエンドォンチーチャア
電極 … 电极 diànjí ディエンジイ
電源 … 电源 diànyuán ディエンユエン
点検する … 检查 jiǎnchá ジエンチャア
伝言 … 传话/口信 chuánhuà/kǒuxìn チュアンホワ/コウシン
電磁波 … 电磁波 diàncíbō ディエンツゥーボー
電子メール … 电子邮件，伊妹儿 diànzǐyōujiàn, yīmèir ディエンヅゥヨウジエン、イーメール
転職 … 跳槽 tiàocáo ティヤオザオ
電卓 … 计算器 jìsuànqì ジイスアンチー
電池 … 电池 diànchí ディエンチー
伝統 … 传统 chuántǒng チュアントォン
店頭市場 … 店头市场 diàntóushìchǎng ディエントォウシイチャン
天然ガス … 天然气 tiānránqì テイエンランチー
電波 … 无线电 wúxiàndiàn ウーシエンディエン
　電波妨害 … 电波干扰 diànbōgānrǎo ディエンボーガンラオ
電流 … 电流 diànliú ディエンリュウ
　電流計 … 电流表 diànliúbiǎo ディエンリュウビィヤオ
電話 … 电话 diànhuà ディエンホワ
電話する … 打电话 dǎdiànhuà ダァディエンホワ
電話番号 … 电话号码 diànhuàhàomǎ ディエンホワハオマァ

ドア … 门 mén メン
投機 … 投机 tóujī トウジイ
東京 … 东京 dōngjīng ドォンジン
倒産する … 破产，倒闭 pòchǎn,dǎobì ポーチャン、ダオビイ
同時 … 同时 tóngshí トォンシイ
東芝(企業名) 东芝 Dōngzhī ドォンヂィー
到着時間 … 到达时间 dàodáshíjiān ダオダーシィジエン
盗難 … 被盗 bèidào ベイダオ
東南アジア … 东南亚 dōngnányà ドォンナンヤー
東洋(東アジア) 东洋/东亚 dōngyáng/dōngyà ドォンヤン/ドォンヤー
同僚 … 同事 tóngshì トォンシィ
登録する … 登记/注册 dēngjì/zhùcè ドォンジィ/ヂュツゥ
遠い … 远 yuǎn ユエン
TOEFL … 托福 tuōfú トゥオフウ
ときどき … 时常/经常 shícháng/jīngcháng シィチャン/ジンチャン
独学する … 自学 zìxué ヅゥーシュエ
特技 … 特长 tècháng トゥーチャン
特産物 … 特产品 tèchǎnpǐn トゥーチャンピン
独身 … 独身/未婚 dúshēn/wèihūn ドゥーシェン/ウェイホゥン
独身寮 … 单身宿舍 dānshēnsùshè ダンシェンスゥーシャア
特性 … 特性 tèxìng タゥーシン
特別 … 特别/特殊 tèbié/tèshū トゥービエ/トゥーシュ
独立採算 … 自负盈亏 zìfùyíngkuī ヅィフウインクゥイ
時計(腕時計) 手表 shǒubiǎo ショウビィヤオ
どこの出身? … 哪里人? nǎlǐrén ナーリィレン
都市スモッグ 城市烟雾 chéngshìyānwù チェンシイイエンウゥー
土壌汚染 … 土壤污染 tǔrǎngwūrǎn トゥランウーラン
塗装 … 喷涂 pēntú ペントゥ
特許 … 专利 zhuānlì ヂュエンリイ
TOPIX … 东京证交所股价指数 dōngjīngzhèngjiāo suǒgǔjiàzhǐshù ドォンジンヂェンジィヤオスゥオグゥジィアヂィーシュ
ドメイン名 … 域名 yùmíng ユゥミン
止める … 停 tíng ティン
トヨタ(企業名) 丰田 Fēngtián フォンティエン
ドライバー … 改锥 gǎizhuī ガイヂュイ
ドライブ … 驱动器 qūdòngqì チュドォンチー
トランジスター 晶体管 jīngtǐguǎn ジンティグゥアン
トランス … 变压器 biànyāqì ビエンヤーチー
鳥インフルエンザ 禽流感 qínliúgǎn チンリュウガン
取締役 … 董事 dǒngshì ドォンシイ
取り外し … 拆卸 chāixiè チャイシィエ
取引中止 … 停盘 tíngpán ティンパン
取引銘柄 … 交易品种 jiāoyìpǐnzhǒng ジャオイーピンヂョオン
努力する … 努力 nǔlì ヌゥリィ
ドリル … 钻头 zuàntóu ヂュアントォウ
ドル … 美金/美元 měijīn/měiyuán メイジン/メイユエン

トレーニング	训练	xùnliàn	シュンリエン

な 行

ない	没有	méiyǒu	メイヨウ
内線	分机	fēnjī	フェンジイ
内部	内部	nèibù	ネイブゥ
内容	内容	nèiróng	ネイロン
ナイロン	尼龙	nílóng	ニイロン
直す	修理	xiūlǐ	シュウリィ
治る	治好	zhìhǎo	ヂィーハオ
中ぐり盤	镗床	tángchuáng	タンチュアン
流れ作業	流水作业	liúshuǐzuòyè	リュウシュエイヅゥオイエ
ナスダック	纳斯达克	nàsīdákè	ナースゥーダークゥ
ナスダック指数	纳指	nàzhǐ	ナーヂィー
夏休み	暑假	shǔjià	シュジィア
ナノテクノロジー	纳米技术	nàmǐjìshù	ナーミィージイシュー
名札	名卡	míngkǎ	ミンカァ
名前(フルネーム)	姓名	xìngmíng	シンミン
涙	泪水/眼泪	lèishuǐ/yǎnlèi	レイシュエイ/イエンレイ
悩む	烦恼/痛苦	fánnǎo/tòngkǔ	ファンナオ/トォンクゥ
習う	学习	xuéxí	シュエシー
成り行き注文	市场委托订单	shìchǎngwěituō dìngdān	シイチャンウェイトゥオ ディンダン
慣れる	习惯	xíguàn	シーグアン
何階	几楼	jǐlóu	ジィロォウ
何個	几个	jǐgè	ジィグゥ
何歳	多少岁	duōshǎosuì	ドゥオシャオスゥイ
何時	几点	jǐdiǎn	ジィディエン
何時間	几小时	jǐxiǎoshí	ジィグゥシャオシィ
何種類	几种	jǐzhǒng	ジィヂョォン
何でも	一切/不论什么	yīqiè/búlùnshénme	イーチィエ/ウールンシェンマ
何度	多少度	duōshǎodù	ドゥオシャオドゥ
何日間	几天	jǐtiān	ジィティエン
何人	几个人	jǐgèrén	ジィーグゥレン
似合う	合适	héshì	ホゥシィ
ニーズ	需求	xūqiú	シュチュウ
賑やかな	热闹/繁华	rènào/fánhuá	ラーナオ/ファンホワァ
逃げる	逃跑/回避	táopǎo/huíbì	タオパオ/ホイビィ
二交代	两班制	liǎngbānzhì	リャンバンヂィー
ニコン(企業名)	尼康	Níkāng	ニィカァン
二酸化硫黄	二氧化硫	èryǎnghuàliú	アールヤンホワァリュウ
二酸化炭素	二氧化碳	èryǎnghuàtàn	アールヤンホワァタン
二酸化窒素	二氧化氮	èryǎnghuàdàn	アールヤンホワァダン
ニセモノ	假货	jiǎhuò	ジィアホゥオ
日勤	白班	báibān	バイバン
日経平均株価	日经道式平均股价指数	rìjīngdàoshìpíngjūngǔjiàzhǐshù	リィージンダオシイピンジュングゥジィアヂィーシュ
ニッサン(企業名)	日产	Rìchǎn	リイチャン
日程	日程	rìchéng	リーチェン
日程表	安排	ānpái	アンパイ
似ている	像	xiàng	シィアン
日本	日本	rìběn	リーベン
日本円	日元	rìyuán	リーユエン
日本語	日语	rìyǔ	リーユゥ
日本人	日本人	rìběnrén	リーベンレン
荷物	行李	xínglǐ	シンリィ
入管(日本)	入国管理局	rùguóguǎnlǐjú	ルゥグゥオグアンリィジウ
入国	入境	rùjìng	ルゥジン
入庫する	入库	rùkù	ルウクゥ
ニュース	新闻	xīnwén	シンウェン
ニュータウン	新村	xīncūn	シンツゥン
ニュートラルパッキング	中性包装	zhōngxìngbāozhuāng	チョオンシンバオチュアン
人気銘柄	热门股	rèméngǔ	ラーメングゥ
認証	认证	rènzhèng	レンヂェン
抜取検査	抽检/抽查	chōujiǎn/chōuchá	チョウジィエン/チョウチャア
抜き取る	抽检	chōujiǎn	チョウジィエン
ネーミング	取名	qǔmíng	チュミン
ネスレ(企業名)	雀巣	Quècháo	チュエチャオ
値段	价格	jiàgé	ジィアグゥ
ネット	网	wǎng	ワン
ネットカフェ	网吧	wǎngbā	ワンバァ
ネット広告	网上广告	wǎngshàngguǎnggào	ワンシャングアンガオ
ネットサーフイン	漫游	mànyóu	マンヨウ
ネット利用者	网民	wǎngmín	ワンミン
値引きする	减价	jiǎnjià	ジエンジィア
眠い	困	kùn	クゥン
寝る	睡觉	shuìjiào	シュエイジィアオ
年間計画	年计划	niánjìhuà	ニエンジィホワァ
年金	退休养老金	tuìxiūyǎnglǎojīn	トゥイシュウヤンラオジン
年産	年产量	niánchǎnliàng	ニエンチャンリャン
年収	年收入	niánshōurù	ニエンショウルゥ
年俸制	年薪制	niánxīnzhì	ニエンシンヂィー
年率	年率	niánlǜ	ニエンリュイ
燃料油	燃料油	ránliàoyóu	ランリャオヨウ
燃料電池車	燃料电池车	ránliàodiànchíchē	ランリャオディエンチーチャア
年齢	年龄	niánlíng	ニエンリン
農業	农业	nóngyè	ノンイエ
農薬汚染	农药污染	nóngyàowūrǎn	ノンヤオウゥーラン
納期	交货期	jiāohuòqī	ジィアオホゥオチー
濃度	浓度	nóngdù	ノンドゥー
納品	交货	jiāohuò	ジィアオホゥオ
納品書	交货单	jiāohuòdān	ジィアオホゥオダン
能力	能力	nénglì	ナンリィ

日本語	中国語	ピンイン	読み
ノーアイロン	防皱免烫	fángzhòumiǎntàng	ファンヂョウミエンタン
ノート	笔记本	bǐjìběn	ビイジーベン
ノートパソコン	笔记本电脑	bǐjìběndiànnǎo	ビージイーベンディエンナオ
ノキア(企業名)	诺基亚	Nuòjīyà	ヌゥオジイヤー
ノギス	游标卡尺	yóubiāokǎchǐ	ヨウビィアオカァチー
残り	剩下	shèngxià	シェンシィア
罵る	骂	mà	マァー
飲む	喝	hē	ホゥー
乗る(馬、自転車)	骑	qí	チィー
乗る(乗り物)	坐/乘	zuò/chéng	ヅゥオ/チェン
ノンフロン冷蔵庫	无氟冰箱	wúfúbīngxiāng	ウゥーフゥビンシャン

は 行

日本語	中国語	ピンイン	読み
バー	酒吧	jiǔbā	ジイウバァ
バーゲンセール	酬宾	chóubīn	チョウビン
ハーゲンダッツ	哈根达斯	Hāgēndásī	ハーゲンダースゥー
バーコード	条形码	tiáoxíngmǎ	ティヤオシンマァ
バーチャルリアリティ	虚拟现实	xūnǐxiànshí	シュニィシエンシイ
パーティー	宴会/晚会	yànhuì/wǎnhuì	イエンホイ/ワンホイ
パーティション	分区	fēnqū	フェンチュ
ハードウェア	硬件	yìngjiàn	インジィエン
パートタイマー	小时工	xiǎoshígōng	シャオシンゴン
	钟点工	zhōngdiǎngōng	ヂョンディエンゴン
ハードディスク	硬盘	yìngpán	インパン
～倍	倍	bèi	ベイ
廃液	废液	fèiyè	フェイイエ
廃ガス	废气	fèiqì	フェイチー
廃棄	废弃	fèiqì	フェイチー
廃棄物	废物	fèiwù	フェイウゥ
廃水	废水	fèishuǐ	フェイシュイ
廃プラスチック類	废塑料	fèisùliào	フェイスゥリャオ
バイオテクノロジー	生物工程	shēngwùgōngchéng	シェンウゥーゴンチャン
パイオニア(企業名)	先锋	Xiānfēng	シエンフォン
配管	管道/配管	guǎndào/pèiguǎn	グアンダオ/ペイグアン
買収する	控股/收购	kònggǔ/shōugòu	コングゥ/ショウゴウ
排出基準	排放标准	páifàngbiāozhǔn	パオファンビャオヂュン
配線	配线	pèixiàn	ペイシィエン
配属する	分配	fēnpèi	フェンペイ
配置する	布置	bùzhì	ブゥーヂィー
ハイテク産業	高新技术产业	gāoxīnjìshùchǎnyè	ガオシンジイシューチャンイエ
配電	配电	pèidiàn	ペイディエン
配電盤	配电盘	pèidiànpán	ペイディエンパン
バイト	车刀/字节	chēdāo/zìjié	チャアダオ/ヅゥージィエ
バイト	刀具	dāojù	ダオジュ
配当	股息/股票红利	gǔxī/gǔpiàohónglì	グゥシー/グゥピャオホンリイ
配当落ち	分红失权	fēnhóngshīquán	フェンホンシィチュエン

日本語	中国語	ピンイン	読み
バイバック	产品返销	chǎnpǐnfǎnxiāo	チャンピンファンシャオ
ハイビジョン	高清晰度电视	gāoqīngxīdùdiànshì	ガオチンシードゥディエンシイ
配布する	发	fā	ファー
ハイブリッド材料	混合材料	hùnhécáiliào	ホゥンホゥーツァイリャオ
ハイブリッド車	油电混合型汽车	yóudiàn hùnhéxíngqìche	ヨウディエン フンホゥーシンチーチャア
ハイリスクハイリターン	风险报酬	fēngxiǎnbàochóu	フェンシェンバオチョウ
入る	进入	jìnrù	ジンルゥ
測る	量	liāng	リャン
計る(長さ)	测/量	cè/liáng	ツゥ/リャン
計る(重量)	称/量	chēng/liáng	チェン/リャン
吐き気	恶心/呕吐	ěxīn/ǒutù	アォーシン/オウトゥ
白色汚染	白色污染	báisèwūrǎn	バイサァウゥーラン
パケット	分组	fēnzǔ	フェンヅゥー
派遣する	派人	pàirén	パイレン
箱	盒子	hézi	ホゥーヅゥ
運ぶ	搬运	bānyùn	バンユン
破産する	破产/倒闭	pòchǎn/dǎobì	ポーチャン/ダオビィ
初めて	初次/首次	chūcì/shǒucì	チュツゥ/ショウツゥ
始める	开始	kāishǐ	カイシイー
外す	解开	jiěkāi	ジィエカイ
パスポート	护照	hùzhào	フゥーヂャオ
パスワード	密码	mìmǎ	ミィーマー
パソコン	个人电脑	gèréndiànnǎo	グゥレンディエンナオ
破損	损坏	sǔnhuài	スンホワァイ
働く	工作	gōngzuǒ	ゴォンヅゥオ
働く(肉体労働)	劳动	láodòng	ラオドォン
ハッカー	黑客	hēikè	ヘイクゥ
罰金	罚款	fákuǎn	ファークゥアン
パック	面膜	miànmó	ミエンモォウ
バックアップ	备份	bèifèn	ベイフェン
バックマージン	回扣	huíkòu	ホイコウ
発行価格	发行价格	fāxíngjiàgé	ファーシンジィアグゥ
発行市場	发行市场	fāxíngshìchǎng	ファーシンシイチャン
発行する	发行/出版	fāxíng/chūbǎn	ファーシン/チュウバン
発車する	发车	fāchē	ファーチャア
バッテリー	蓄电池	xùdiànchí	シュディエンチー
発電	发电	fādiàn	ファーディエン
発電機	发电机	fādiànjī	ファディエンジイ
パテント	专利	zhuānlì	ヂュアンリイ
話し合う	谈	tán	タン
パニック	恐慌	kǒnghuāng	コンホワァン
バブル	泡沫	pàomò	パオモー
速い	快	kuài	クゥアイ
早い	早	zǎo	ザオ
早く	快点	kuàidiǎn	クアイディエン

日本語	中国語	ピンイン	読み
払い戻す	反款	fǎnkuǎn	ファンクアン
払う	付款	fùkuǎn	フゥクアン
ばらつき	偏差	piānchā	ピエンチャア
パラフィン	烷烃	wánjīng	ワンジン
貼る	贴上	tiēshàng	ティエシャン
パルス	脉冲	màichōng	マイチョオン
パレート図	排列图	páilìètú	パイリィエトゥ
範囲	范围	fànwéi	ファンウェイ
反感	反感	fǎngǎn	ファンガン
番号	号码	hàomǎ	ハオマァ
犯罪	犯罪	fànzuì	ファンヅゥイ
半製品	坯料	pīliào	ピーリィヤオ
ハンセン指数(香港)	恒生指数, 恒指	héngshēngzhǐshù, héngzhǐ	ハンシェンヂィーシュウ、 ハンヂィー
反対する	反对	fǎnduì	ファンドゥイ
反ダンピング	反倾销	fǎnqīngxiāo	ファンチンシャオ
パンチ	打孔机	dǎkǒngjī	ダーコンジィ
パンチプレス	冲床	chōngchuáng	チョオンチュアン
半月	半个月	bàngèyuè	バングゥユエ
判定	判定	pàndìng	パンディン
バンド	乐队	yuèduì	ユエドゥイ
半導体	半导体	bàndǎotǐ	バンダオティ
半年	半年	bànnián	バンニエン
半日	半天	bàntiān	バンティエン
半人前	半（人）份	bàn(rén)fèn	バン(レン)フェン
販売	销售	xiāoshòu	シャオショウ
販売業務	证券推销商	zhèngquàntuīxiāoshāng	チェンチュエントゥイシャオシャン
販売状況	销售情况	xiāoshòuqíngkuàng	シャオショウチンクアン
販売する	销售	xiāoshòu	シャオショウ
販売代理店	经销代理商/ 经商代理商	jīngxiāodàilǐshāng/ jīngshāngdàilǐshāng	ジンシャオダイリイシャン/ ジンシャンダイリイシャン
反発	回升	huíshēng	ホイシェン
パンフレット	简介	jiǎnjiè	ジィエンジィエ
半分	一半	yībàn	イーバン
ハンマー	锤子	chuízi	チュイヅー
販路	销路	xiāolù	シャオルウ
PR	公关	gōngguān	ゴングゥアン
PHS	小灵通	xiǎolíngtōng	シャオリントォン
BSE(狂牛病)	疯牛病	fēngniúbìng	フォンニュウビン
BMW(企業名)	宝马	Bǎomǎ	バオマー
PL	产品质量责任	chǎnpǐnzhìliàngzérèn	チャンピンヂィーリャンザァレン
B型肝炎	乙型肝炎	yǐxínggānyán	イーシンガンイエン
ピーク	顶峰	dǐngfēng	ディンフォン
ビーチバレー	沙滩排球	shātānpáiqiú	シャータンパイチュウ
ビール	啤酒	píjiǔ	ピィジィウ
控え(書類)	副本	fùběn	フゥベン

日本語	中国語	ピンイン	読み
日帰り	当天返回	dāngtiānfǎnhuí	ダンティエンファンホイ
光ケーブル	光缆	guānglǎn	グアンラン
光ディスク	光碟	guāngdié	グアンディエ
光ファイバー	光纤	guāngxiān	グアンシエン
引き受ける	接受	jiēshòu	ジィエショウ
引き出す	拉出	lāchū	ラーチュ
飛行機	飞机	fēijī	フェイジィ
ビジネスエリート	金领	jīnlǐng	ジンリン
ビジネス文書	商业书信	shāngyèshūxìn	シャンイエシューシン
秘書	秘书	mìshū	ミィシュウ
非常口	紧急出口	jǐnjíchūkǒu	ジンジィチュウコウ
ヒストグラム	直方图	zhífāngtú	ヂィーファントゥ
日立(企業名)	日立	Rìlì	リィリィ
左	左	zuǒ	ヅゥオ
ビッグスリー	三大	sāndà	サンダー
引っ越す	搬家	bānjiā	バンジィア
ピッチタイム	节拍时间	jiépāishíjiān	ジィエパイシイジィエン
ビット	位	wèi	ウェイ
VIPカード	贵宾卡	guìbīnkǎ	グイビンカァ
ビデオカメラ	录像机	lùxiàngjī	ルゥシャンジィ
ビデオテープ	录像带	lùxiàngdài	ルゥシャンダイ
一人あたりGNP	人均国民生产总值	rénjūnguómín shēngchǎnzǒngzhí	レンジュングゥオミン シェンチャンゾンヂィー
一人あたりGDP	人均国内生产总值	rénjūnguónèi shēngchǎnzǒngzhí	レンジュングゥオネイ シェンチャンゾンヂィー
火の用心	注意防火	zhùyìfánghuǒ	ヂュウイーファンフゥオ
暇	空闲	kòngxián	コンシエン
秘密	秘密	mìmì	ミィミィ
ヒューズ	保险丝	bǎoxiǎnsī	バオシエンスゥー
ヒューレット・パッカード(企業名)	惠普	Huìpǔ	ホイプゥ
費用	费用	fèiyòng	フェイヨン
病院	医院	yīyuàn	イーユエン
評価	评价	píngjià	ピンジィア
病気	病	bìng	ビン
表計算	表格计算	biǎogéjìsuàn	ビィヤオグゥジイスアン
表示する	显示	xiǎnshì	シエンシイ
標準	标准	biāozhǔn	ビィヤオヂュン
標準化	标准化	biāozhǔnhuà	ビィヤオヂュンホワ
ビラ	传单	chuándān	チュアンダン
平削り盤	刨床	páochuáng	パオチュアン
比率	比率	bǐlǜ	ビイリュイ
昼	中午	zhōngwǔ	ヂョオンウー
ビル	高楼/大厦	gāolóu/dàshà	ガオロウ/ダーシャア
昼休み	午间休息	wǔjiānxiūxī	ウジィエンシュウシィ
品質	质量	zhìliàng	ヂィリャアン
品質管理	质量管理	zhìliàngguǎnlǐ	ヂィリャアングアンリイ

日本語	中国語	ピンイン	読み
品質検査	质量检验	zhìliàngjiǎnyàn	ヂィリャンジエンイエン
歩合給	提成	tíchéng	ティチェン
ファイバー	纤维	xiānwéi	シンウェイ
ファイル	文件	wénjiàn	ウェンジィエン
ファインセラミックス	新陶瓷	xīntáocí	シンタオツゥー
ファックス	传真	chuánzhēn	チュアンヂェン
ファックスを受ける	接收传真	jiēshōuchuánzhēn	ジエショウチュアンヂェン
ファックスを送る	发送传真	fāsòngchuánzhēn	ファーソンチュアンヂェン
フィリップ(企業名)	飞利浦	Fēilìpú	フェイリィプゥ
封筒	信封	xìnfēng	シンフォン
ブーム	热潮	rècháo	ラーチャオ
ブーメラン効果	布麦浪效果	bùmàilàngxiàoguǒ	ブゥマイランシャオグゥオ
風力エネルギー	风能	fēngnéng	フォンナン
フェノール	酚	fēn	フェン
フォード(企業名)	福特	Fútè	フゥトゥー
フォーマット	格式化	géshìhuà	グゥシイホワァ
フォーマル	正式	zhèngshì	ヂェンシィ
フォルクス・ワーゲン(企業名)	大众	Dàzhòng	ダーヂョォン
フォルダ	文件夹	wénjiànjiā	ウェンジィエンジィア
フォント	字体	zìtǐ	ヅゥーティ
負荷	负荷	fùhè	フゥホゥ
部下	部下/下级	bùxià/xiàjí	ブゥシィア/シィアジィ
付加価値	附加价值	fùjiājiàzhí	フゥジィアジィアヂィー
不可能	不可能	bùkěnéng	ブゥクゥナン
複雑	复杂	fùzá	フゥザァ
副社長	副总	fùzǒng	フゥゾォン
含む	包含/含有	bāohán/hányǒu	バオハン/ハンヨウ
複利	复利	fùlì	フゥリィ
不景気である	经济萧条,不景气	jīngjìxiāotiáo, bùjǐngqì	ジンジィーシャオティャオ、ブゥジンチィー
不合格品	不合格品	bùhégépǐn	ブゥフゥグゥピン
無事	平安(无事)	píng'ān(wúshì)	ピンアン(ウーシィ)
富士フィルム(企業名)	富士	Fùshì	フゥシィ
プジョー(企業名)	标致	Biāozhì	ビャオヂィー
侮辱する	侮辱	wǔrǔ	ウールゥ
付属品	配套产品/附件/配件	pèitào chǎnpǐn/fùjiàn/pèijiàn	ペイタオチャンピン/フゥジィエン/ペイジィエン
二人一組	两人一组	liǎngrén yīzǔ	リャンレンイーヅゥ
ブタン	丁烷	dīngwán	ディンワン
部長	部长	bùzhǎng	ブゥヂャン
物価	物价	wùjià	ウージィア
二日酔い	醉到第二天	zuìdàodì'èrtiān	ヅゥイダオディーアールティエン
復調	解调	jiětiáo	ジィエティヤオ
不動産	房地产	fángdìchǎn	ファンディチャン
不動産業	房地产业	fángdìchǎnyè	ファンディーチャンイエ
不得意	不擅长	búshàncháng	ブゥシャンチャン
不平等	不平等	bùpíngděng	ブゥピンドォン
部品	零件/部件	língjiàn/bùjiàn	リンジィエン/ブゥジィエン
部品倉庫	零件仓库	língjiàn cāngkù	リンジエンツァンクゥ
不便	不方便	bùfāngbiàn	ブゥファンビエン
不法	不法	bùfǎ	ブゥファ
不満	不满	bùmǎn	ブゥマン
部門	部门	bùmén	ブゥメン
フライス	铣刀	xǐdāo	シーダオ
フライス盤	铣床	xǐchuáng	シーチュアン
プライス・リーダー	领先定价企业	lǐngxiāndìngjiàqǐyì	リンシエンディンジィアチーイー
プライバシー	隐私	yǐnsī	インスゥー
ブラウザ	浏览器	liúlǎnqì	リュウランチー
プラス極	正极	zhèngjí	ヂェンジイ
ブラックマンデー	黑色星期一	hēisèxīngqīyī	ヘイサァシンチーイー
プラント	成套设备	chéngtàoshèbèi	チェンタオシャベイ
ブランド	品牌	pǐnpái	ピンパイ
ブランドロイヤルティー	商标可靠性	shāngbiāokěkàoxìng	シャンビャオクゥカオシン
フリーズ	死机	sǐjī	スゥージイ
ブリヂストン(企業名)	普利司通	Pǔlìsītōng	プゥリィスゥトォン
プリペイドカード	预先支付卡	yùxiānzhīfùkǎ	ユゥシエンヂィフゥカァ
不良債権	坏账,呆账	huàizhàng,dāizhàng	ホワァイヂャン,ダイヂャン
不良品率	次品率	cìpǐnlǜ	ツゥーピンリュイ
プリンター	打印机	dǎyìnjī	ダーインジイ
古い	旧/老	jiù/lǎo	ジィウ/ラオ
フル稼働	全面运转	quánmiànyùnzhuǎn	チュエンミエンユンヂュアン
ブルドーザー	推土机/压路机	tuītǔjī/yālùjī	トゥイトゥジィ/ヤールゥジィ
プルトニウム	钚	huán	ホァワン
ブレーキ	闸/刹车	zhá/shāchē	ヂャー/シャチャア
フレキシブル生産システム	柔性生产系统	róuxìngshēngchǎnxìtǒng	ロウシンシェンチャンシートン
プレス	压床	yāchuáng	ヤーチュアン
ブローカー	证券经纪商	zhèngquànjīngjìshāng	ヂェンチュエンジンジーシャン
ブローチ	拉刀	lādāo	ラーダオ
ブローチ盤	拉床	lāchuáng	ラァチュアン
フローチャート	流程图	liúchéngtú	リュウチェントゥ
プログラミング	程序设计	chéngxùshèjì	チェンシュシャジイ
プログラム制御	程控	chéngkòng	チェンコン
プロジェクター	投影机	tóuyǐngjī	トオウインジイ
プロジェクトマネージャー	项目经理	xiàngmùjīnglǐ	シャンムゥジンリイ
フロッピーディスク	软盘	ruǎnpán	ルアンパン
プロバイダー	网络业商	wǎngluòyèshāng	ワンルゥオイエシャン
プロパティ	属性	shǔxìng	シュシン
プロパンガス	丙烷气	bǐngwánqì	ビンワンチー
プロプレン	丙烯	bǐngxī	ビンシー
フロン	氟里昂	fúlǐ'áng	フゥリイアン
雰囲気	气氛	qìfèn	チーフェン
粉塵	粉尘	fěnchén	フェンチェン

ペイオフ　取消（无限制的）存款担保　qǔxiāo(wúxiànzhìde) cúnkuǎndānbǎo　チュウシャオ(ウーシエンダ) ツゥンクアンダンバオ
平均年齢　平均年龄　píngjūnniánlíng　ピンジュンニエンリン
ペーハー　含量　hánliàng　ハンリャアン
北京オリンピック　北京奥运　běijīng'àoyùn　ペイジンアオユン
ヘッジ株　保值股票　bǎozhígǔpiào　バオヂィーグゥピィヤオ
ヘッドハンティング会社　猎头公司　liètóugōngsī　リィエトゥオゴンスゥー
減る　减少／下降　jiǎnshǎo/xiàjiàng　ジィエンシャオ/シァアジィアン
ヘルメット　安全帽　ānquánmào　アンチュエンマオ
弁解　辩解　biànjiě　ピエンジィエ
勉強する　学习　xuéxí　シュエシー
辺境貿易　边贸　biānmào　ピエンマオ
偏見　偏见　piānjiàn　ピエンジィエン
変更　变更　biàngēng　ピエンゲン
弁護士　律师　lǜshī　リュウシィ
返事　回信　huíxìn　ホイシン
弁償する　赔偿　péicháng　ペイチャン
ベンゼン　苯　běn　ペン
ペンタックス(企業名)　宾得　Bīndé　ピンダァ
ペンチ　钳子　qiánzi　チエンヅゥ
ベンチャービジネス　风险企业　fēngxiǎnqǐyè　フォンシエンチーイエ
変調　调制　tiáozhì　ティヤオチイー
変電所　变电所　biàndiànsuǒ　ピエンディエンスゥオ
変動金利　浮动利率　fúdònglìlǜ　フゥドォンリィリュイ
返品　退货　tuìhuò　トゥイホゥオ
ボイラー　锅炉　guōlú　グゥオルウ
貿易障壁　贸易壁垒　màoyìbìlěi　マオイーピィレイ
　貿易制裁　贸易制裁　màoyìzhìcái　マオイーヂィーツァイ
　貿易摩擦　贸易摩擦　màoyìmócā　マオイーモーツァイ
報告する　报告　bàogào　バオガオ
防止　防止／预防　fángzhǐ/yùfáng　ファンヂィー/ユゥファン
放射性廃棄物　放射性废物　fàngshèxìngfèiwù　ファンシャーシンフェイウー
　放射性物質　放射性废弃物　fàngshèxìngfèiqìwù　ファンシャーシンフェイチーウー
　放射能漏れ　核泄漏　héxièlòu　ホゥーシィエロウ
方針　方针　fāngzhēn　ファンチェン
放送　广播　guǎngbō　グアンポー
暴騰する　暴涨　bàozhǎng　バオチャン
方法　方法　fāngfǎ　ファンファ
訪問する　访问　fǎngwèn　ファンウェン
暴落　暴跌　bàodiē　バオディエ
法律　法律　fǎlǜ　ファーリュウ
ポートフォリオ　投资搭配　tóuzīdāpèi　トウヅゥーダーペイ
ボーナス　奖金　jiǎngjīn　ジャアンジン
ボーナス　奖金／津贴　jiǎngjīn/jīntiē　ジィアンジィン/ジンティエ
ホーニング盤　珩床　héngchuáng　ハンチュアン
ホームページ　网页　wǎngyè　ワンイエ
ホールディング・カンパニー　控股企业　kònggǔqǐyè　コングゥチイイェ
ボール盤　钻床　zuànchuáng　チュアンチュアン
ボールペン　圆珠笔　yuánzhūbǐ　ユアンヅゥビィ
他　其他　qítā　チーター
保管する　保管　bǎoguǎn　バオグアン
保険　保险　bǎoxiǎn　バオシィエン
保険会社　保险公司　bǎoxiǎngōngsī　バオシィエンゴンスゥー
保護する　保护　bǎohù　バオフゥ
補習クラス　补习班，辅导班　bǔxíbān,fǔdǎobān　ブゥシーバン,フゥダオバン
補充する　补充　bǔchōng　ブゥチョオン
補償　补偿／赔偿　bǔcháng/péicháng　ブゥチャン/ペイチャン
保証金　保证金／担保金　bǎozhèngjīn/dānbǎojīn　バオチェンジィン/ダンバオジン
保証書　保证书　bǎozhèngshū　バオチェンシュー
保証する　保证　bǎozhèng　バオチェン
保証人　保证人／担保人　bǎozhèngrén/dānbǎorén　バオチェンレン/ダンバオレン
補助金　补贴　bǔtiē　ブゥティエ
ポスター　招贴　zhāotiē　チャオティエ
ホスト　主机　zhǔjī　チュジイ
保存する　保存　bǎocún　バオツゥン
ホットマネー　热钱　rèqián　ラーチェン
ホットライン　热线　rèxiàn　ラーシィエン
ホテル　酒店／宾馆　jiǔdiàn/bīnguǎn　ジィウディエン/ビングゥアン
歩留まり　成品率　chéngpǐnlǜ　チェンピンリュイ
ボトルネック　瓶颈　píngjǐng　ピンジン
ホラー　恐怖片　kǒngbùpiān　コンブゥピエン
ポリエステル　聚酯　jùzhǐ　ジウヂィー
ポリエチレン　聚乙烯　jùyǐxī　ジウイーシー
ポリ塩化ビニール　聚氯乙烯　jùlǜyǐxī　ジウルウイーシー
ポリマー　聚合物　jùhéwù　ジウホゥーウー
ポルシェ(企業名)　保时捷　Bǎoshíjié　バオシィジィエ
ボルト　伏特　fútè　フウタァ
ホルマリン　甲醛溶液　jiǎquánróngyè　ジィアチュエンロンイエ
ホワイトカラー　白领　báilǐng　バイリン
本　书　shū　シュー
本館　主楼　zhǔlóu　チュロォウ
香港　香港　xiānggǎng　シャンガン
ホンダ(企業名)　本田　Běntián　ベンティエン
本題　正题　zhèngtí　チェンティ
本棚　书架　shūjià　シュウジィア
本物　真货　zhēnhuò　チェンホゥオ
翻訳　翻译　fānyì　ファンイー

ま 行

マーケティング　营销策略　yíngxiāocèlüè　インシャオツァリュエ
マーチャンダイジング　商品供应计划　shāngpǐngōngyìngjìhuà　シャンピンゴンインジイホワァ
マイカー　私家车　sījiāchē　スゥージィアチャア

マイクロウェーブ	微波	wēibō	ウェイボー
マイクロソフト(企業名)	微软公司	Wēiruǎngōngsī	ウェイルアンゴンスゥー
マイクロメーター	千分尺	qiānfēnchǐ	チエンフェンチー
マイナス極	负极	fùjí	フウジイ
マイナス成長	负增长	fùzēngzhǎng	フゥザンチャン
毎日	每天	měitiān	メイティエン
マイレージカード	里程卡	lǐchéngkǎ	リーチェンカァ
マウス	鼠标	shǔbiāo	シュウビィヤオ
前	前面	qiánmiàn	チエンミエン
前払い	先付款	xiānfùkuǎn	シエンフウクアン
曲がる	弯曲/拐弯	wānqū/guǎiwān	ワンチュ/グアイワン
マクロコントロール	宏观调控	hóngguāntiáokòng	ホングゥアンティアオコン
負ける	输/失败	shū/shībài	シュー/シィバァイ
待ち合わせ	约会	yuēhuì	ユエホイ
間違い	错误/过错	cuòwù/guòcuò	ツゥオウー/グゥオツゥオ
待つ	等	děng	ドォン
松下電器(企業名)	松下电器	Sōngxià Diànqì	ソォンシィアディアンチィー
マツダ(企業名)	马自达	Mǎzìdá	マーヅゥーダー
間に合う	来得及/赶得上	láidejí/gǎndeshàng	ライダジィ/ガンダシャン
マニュアル	手册/说明书	shǒucè/shuōmíngshū	ショウツゥア/ショゥオミンシュ
真似る	模仿/仿效	mófǎng/fǎngxiào	モゥファン/ファンシャオ
まもなく	不久/一会儿	bùjiǔ/yīhuìr	ブゥジィウ/イーホワァール
満期	满期	mǎnqī	マンチー
満期日	期满日	qīmǎnrì	チーマンリー
満足	满意	mǎnyì	マンイー
マントウ	馒头	mántóu	マントオゥ
真ん中	中间	zhōngjiān	ヂョオンジエン
見える	看得见/好像	kàndejiàn/hǎoxiàng	カンダジィエン/ハオシャン
見送る	送行	sòngxíng	ソォンシン
右	右	yòu	ヨウ
ミクロコントロール	微观调控	wēiguāntiáokòng	ウェイグゥアンティアオコン
未公開株	非上市股票	fēishàngshìgǔpiào	フェイシャンシィグゥピャオ
見込み生産	预测生产	yùcèshēngchǎn	ユゥツァーシェンチャン
水	水	shuǐ	シュエイ
ミスコンテスト	选美	xuǎnměi	シュエンメイ
見つける	寻找/发现	xúnzhǎo/fāxiàn	シュンヂャオ/ファーシェン
三菱(企業名)	三菱	Sānlíng	サンリン
見積書	报价单	bàojiàdān	バオジィアダン
密輸	走私	zǒusī	ヅォウスゥー
密輸業者	水客	shuǐkè	シュイクゥー
密輸品	水货	shuǐhuò	シュイホゥオ
見習い	见习	jiànxí	ジエンシー
ミノルタ(企業名)	美能达	Měinéngdá	メイナンダー
身分証明書	身份证	shēnfènzhèng	シェンフェンヂェン
見本	样品/例子	yàngpǐn/lìzi	ヤンピン/リィヅゥ

みやげ	土产品	tǔchǎnpǐn	トゥチャンピン
明朝	明朝	míngcháo	ミンチャオ
明晩	明晚	míngwǎn	ミンワン
未来	将来	jiānglái	ジィアンライ
魅力的	有魅力的	yǒumèilìde	ヨウメイリィダ
看る	看	kàn	カン
迎える	接	jiē	ジィエ
無欠点運動	无缺点运动	wúquēdiǎnyùndòng	ウーチュエディエンユンドォン
無効	无效	wúxiào	ウーシャオ
無配株	无息股	wúxīgǔ	ウーシーグゥ
無理な	无理/勉强	wúlǐ/miǎnqiǎng	ウーリィ/ミエンチィアン
無料	免费	miǎnfèi	ミエンフェイ
明確	明确	míngquè	ミンチュエ
銘柄	股票品种/牌子/商标	gǔpiàopǐnzhǒng/páizi/shāngbiāo	グゥピャオピンヂョオン/パイヅゥ/シャンビャオ
名刺	名片	míngpiàn	ミンピエン
迷惑	麻烦	máfán	マーファン
メインバンク	主办银行	zhǔbànyínháng	チュウバンインハン
メーター(タクシーの)	计程表	jìchéngbiǎo	ジイチェンビャオ
メール	邮件	yōujiàn	ヨウジィエン
メールアドレス	邮址	yōuzhǐ	ヨウヂィー
メールボックス	电子信箱	diànzǐxìnxiāng	ディエンヅゥシンシャン
メガバイト	兆字节	zhàozìjié	ヂャオヅゥージィエ
メタノール	甲醇	jiǎchún	ジィアチュン
メタン	甲烷	jiǎwán	ジィアワン
目で見る管理	目视管理	mùshìguǎnlǐ	ムゥシイグアンリイ
メニュー	食谱	shípǔ	シイプゥ
メモリ	存储器	cúnchǔqì	ツゥンチュチー
面会	会面	huìmiàn	ホイミエン
面積	面积	miànjī	ミエンジイ
面接	面试	miànshì	ミエンシイ
メンテナンス	维修	wéixiū	ウェイシュウ
メンバー	成员	chéngyuán	チェンユエン
もう一度	再一次	zàiyīcì	ヅァイイーツゥー
儲ける	赚钱	zhuànqián	ヂュアンチエン
申し込み	申请/预约	shēnqǐng/yùyuē	シェンチン/ユゥユエ
モーター	马达	mǎdá	マーダー
目的	目的	mùdì	ムゥディ
目的地	目的地	mùdìdì	ムゥディディ
目標	目标	mùbiāo	ムゥビィヤオ
文字	文字	wénzì	ウェンヅゥ
文字化け	乱码	luànmǎ	ルアンマァー
モジュラージャック	模块化插座	mókuàihuàchāzuò	モゥクアイホワチャーヅゥオ
持ち合い	盘局	pánjú	パンジウ
持ち歩く	带着走	dàizhezǒu	ダイヂャヅォウ

日本語	中国語	ピンイン	読み
持ち株会社	控股企业/控股公司	kònggǔqǐyè/kònggǔgōngsī	コングゥチイーイエ/コングゥゴンスゥー
持ち主	物主	wùzhǔ	ウーヂュ
もちろん	当然	dāngrán	ダンラン
持っていく	拿去/带去	náqù/dàiqù	ナァチュ/ダイチュ
持っている	(持)有	(chí)yǒu	(チィ)ヨウ
持ってくる	拿来/带来	nálái/dàilái	ナァライ/ダイライ
もてなす	款待/招待	kuǎndài/zhāodài	クァンダイ/ヂャオダイ
モデム	调制解调器	tiáozhìjiětiáoqì	ティヤオヂィージィエティヤオチー
モデルチェンジ	型号改变	xínghàogǎibiàn	シンハオガイビエン
元金	本金	běnjīn	ベンジン
モトローラ(企業名)	摩托罗拉	Mótuōluólā	モートゥオルゥオラー
もらう	得到	dédào	ダーダオ
問題	问题	wèntí	ウェンティ

や 行

日本語	中国語	ピンイン	読み
モンブラン(企業名)	万宝龙	wànbǎolóng	ワンバオロン
夜勤	夜班	yèbān	イェバン
約(およそ)	大约	dàyuē	ダーユエ
役員	董事	dǒngshì	ドォンシイ
約束	约定	yuēdìng	ユエディン
役に立つ	有用	yǒuyòng	ヨウヨン
役割	作用	zuòyòng	ヅゥオヨン
易しい	容易/简单	róngyì/jiǎndān	ロンイー/ジエンダン
夜食	夜宵	yèxiāo	イエシャオ
安い	便宜	piányī	ピエンイー
安売り	贱卖	jiànmài	ジィエンマイ
安値引け	低价收盘	dījiàshōupán	ディージィアショウパン
休み(休日)	休息	xiūxī	シュウシィー
休む	休息/睡觉	xiūxī/shuìjiào	シュウシィー/シュイジィアオ
やすり	锉刀	cuòdāo	ツゥオダオ
やすり盤	锉床	cuòchuáng	ツゥオチュアン
家賃	房租	fángzū	ファンヅゥ
薬局	药房/药店	yàofáng/yàodiàn	ヤオファン/ヤオディエン
雇う	雇用/租用	gùyòng/zūyòng	グゥヨン/ヅゥヨン
破る	破坏	pòhuài	ポォーホワイ
ヤマハ(企業名)	雅马哈	Yǎmǎhā	ヤーマーハー
闇市	黑市	hēishì	ヘイシィ
輸出	出口	chūkǒu	チュウコウ
輸入	进口	jìnkǒu	ジンコウ
輸送	输送	shūsòng	シュウソン
URL	网址	wǎngzhǐ	ワンヂィー
有害	有害	yǒuhài	ヨウハイ
有害ガス	有害气体	yǒuhàiqìtǐ	ヨウハイチーティー
有害廃棄物	有害废物	yǒuhàifèiwù	ヨウハイフェイウゥー
有害物質	有害物质	yǒuhàiwùzhì	ヨウハイウゥーヂィ
有給休暇	带薪休假	dàixīnxiūjià	ダイシンシュウジィア
有効期限	有效期	yǒuxiàoqī	ヨウシャオチー
ユーザー	用户	yònghù	ヨンフゥ
優秀な	优秀	yōuxiù	ヨウシュウ
夕食	晚餐/晚饭	wǎncān/wǎnfàn	ワンツァン/ワンファン
郵送する	邮寄	yóujì	ヨウジィ
優待カード	优惠卡	yōuhuìkǎ	ヨウホイカァ
ユーティリティー施設	公用设施	gōngyòngshèshī	ゴンヨンシャシイ
郵便	邮政	yóuzhèng	ヨウヂェン
郵便局	邮局	yóujú	ヨウジウ
郵便番号	邮编	yóubiān	ヨウビエン
郵便料金	邮费	yóufèi	ヨウフェイ
有料	收费	shōufèi	ショウフェイ
優良株	优良股	yōuliánggǔ	ヨウリャングゥ
ユーロ	欧元	ōuyuán	オウユエン
ゆっくりと	慢点儿	màndiǎnr	マンディアール
ユニット	机组	jīzǔ	ジイヅゥ
ゆるむ	盘软	pánruǎn	パンルアン
用意する	准备	zhǔnbèi	ヂュンベイ
要求	要求	yāoqiú	ヤオチュウ
用事がある	有事	yǒushì	ヨウシィ
溶接	焊接	hànjiē	ハンジィエ
容量	容量	róngliàng	ロンリャン
余暇	休闲	xiūxián	シュウシエン
横型	卧式	wòshì	ウォシイ
予算	预算	yùsuàn	ユゥスゥアン
予想	预想/预料	yùxiǎng/yùliào	ユゥシャン/ユゥリャオ
予定	预定	yùdìng	ユゥディン
予熱	预热	yùrè	ユゥラァー
呼値	呼值	hūzhí	ホゥーヂィー
予備品	备件	bèijiàn	ベイジィエン
呼ぶ	叫/邀请	jiào/yāoqǐng	ジィアオ/ヤオチン
予報	预报	yùbào	ユゥバオ
予防	预防	yùfáng	ユゥファン
読む	阅读/读作	yuèdú/dúzuò	ユエドゥー/ドゥーヅゥオ
予約	预约/预定	yùyuē/yùdìng	ユゥユエ/ユゥディン
寄り付き	开盘	kāipán	カイパン
夜	晚上	wǎnshàng	ワンシャン
喜ぶ	高兴/喜悦	gāoxìng/xǐyuè	ガオシン/シィユエ
世論調査	民意调查	mínyìdiàochá	ミンイーディアオチャア
弱気相場	熊市	xióngshì	ショオンシイ

ら 行

日本語	中国語	ピンイン	読み
来月	下个月	xiàgèyuè	シィアグゥユエ
来週	下个星期	xiàgèxīngqī	シィアグゥシンチー
来年	明年	míngnián	ミンニエン

日本語	中国語	ピンイン	読み
ライフ・サイクル	寿命周期	shòumìngzhōuqī	ショウミンヂョオウチー
ライフ・スタイル	生活方式	shēnghuófāngshì	シェンホゥオファンシイ
ラジオ	收音机	shōuyīnjī	ショウインジィ
ランニング・コスト	运行成本	yùnxíngchéngběn	ユンシンチェンベン
リアルタイム	实时	shíshí	シイシイ
リーダーシップ	领导力	lǐngdǎolì	リンダオリィ
リードタイム	开发周期	kāifāzhōuqī	カイファヂョウチー
リーマー盤	铰床	jiǎochuáng	ジィヤオチュアン
利益	利益	lìyì	リイイー
理解する	理解	lǐjiě	リィジィエ
リコー(企業名)	理光	Lǐguāng	リィグアン
リコール	收回欠缺产品	shōuhuíqiànquēchǎnpǐn	ショウホイチエンチュエチャンピン
リサイクル可	可回收	kěhuíshōu	クゥホイショウ
リサイクル不可	不可回收	bùkěhuíshōu	ブゥクゥホイショウ
利子	利息	lìxī	リィシー
理事長	董事长	dǒngshìzhǎng	ドォンシィヂャン
リセット	复位	fùwèi	フゥウェイ
理想	理想	lǐxiǎng	リィシャン
リニアモーターカー	磁浮列车	cífúlièchē	ツゥーフウリエチャア
リニューアル	重新装修	chóngxīnzhuāngxiū	チョオンシンヂュアンシュウ
利回り	收益率	shōuyìlǜ	ショウイーリュイ
リモートセンサー	遥感	yáogǎn	ヤオガン
リモコン	遥控	yáokòng	ヤオコン
理由	理由	lǐyóu	リィヨウ
留学	留学	liúxué	リュウシュエ
留学生	留学生	liúxuéshēng	リュウシュエシエン
流行	流行	liúxíng	リュウシン
量	量	liàng	リャン
両替する	兑换	duìhuàn	ドゥイホワァン
料金	费用	fèiyòng	フェイヨン
料金を取る	收费	shōufèi	ショウフェイ
量産	大量生产	dàliàngshēngchǎn	ダーリャンシェンチャン
領事館	领事馆	lǐngshìguǎn	リンシィグアン
領収書	收据	shōujù	ショウジゥ
領土	领土	lǐngtǔ	リントゥ
両方	双方/两者	shuāngfāng/liǎngzhě	シュアンファン/リャンヂャ
旅券番号	护照号码	hùzhàohàomǎ	フゥヂャオハオマァ
旅行	旅游	lǚyóu	リュヨウ
旅費	旅费	lǚfèi	リュフェイ
離陸	起飞	qǐfēi	チィフェイ
利率	利率	lìlǜ	リィリュイ
リンク	链接	liànjiē	ジエンジィエ
臨時工	临时工	línshígōng	リンシイゴン
ルール	守则	shǒuzé	ショウザァ
レイアウト	布局	bùjú	ブウジゥ
レイオフされる	下岗	xiàgǎng	シィアガン

日本語	中国語	ピンイン	読み
冷却	冷却	lěngquè	ロンチュエ
レーザー	激光	jīguāng	ジイグゥアン
レート	汇率	huìlǜ	ホイリュイ
レーヨン	人造丝	rénzàosī	レンヅァオスゥー
歴史	历史	lìshǐ	リィシィ
レジャー	休闲	xiūxián	シュウシエン
レストラン	西餐厅	xīcāntīng	シィツァンティン
列車	列车/火车	lièchē/huǒchē	リィエチャア/ホゥオチャア
レッドチップ	红筹股	hóngchóugǔ	ホンチョウグゥ
レポート	报告	bàogào	バオガオ
練習する	练习/训练	liànxí/xùnliàn	リエンシィー/シュンリエン
連絡する	联络/联系	liánluò/liánxì	リエンルゥオ/リエンシィ
漏電	漏电/跑电	lòudiàn/pǎodiàn	ロウディエン/パオディエン
労働組合	工会	gōnghuì	ゴンホイ
労働災害	工伤	gōngshāng	ゴンシャン
労働生産性	劳动生产率	láodòngshēngchǎnlǜ	ラオドォンシェンチャンリュイ
ロータス(企業名)	莲花	Liánhuā	リエンホワア
ログオフ	退出	tuìchū	トゥイチュ
ログオン	进入	jìnrù	ジンルウ
路線バス	公共汽车	gōnggòngqìchē	ゴンゴンチーチャア
ロック	摇滚	yáogǔn	ヤオグゥン
ロット	批	pī	ピィ
ロボット	机器人	jīqìrén	ジイチーレン

わ　行

日本語	中国語	ピンイン	読み
ワープロ	文字处理	wénzìchǔlǐ	ウェンヅゥーチュリィ
ワイヤー	钢缆	gānglǎn	ガンラン
賄賂	贿赂	huìlù	ホイルゥ
わがまま	任性	rènxìng	レンシン
わからない	不知道/不懂	bùzhīdào/bùdǒng	ブゥヂィダオ/ブゥドォン
わかりにくい	不容易理解	bùróngyìlǐjiě	ブゥロンイーリィジィエ
別れる	分手/分开	fēnshǒu/fēnkāi	フェンショウ/フェンカイ
ワクチン	疫苗	yìmiáo	イーミィヤオ
分ける	分开	fēnkāi	フェンカイ
忘れる	忘记/遗忘	wàngjì/yíwàng	ワンジィ/イーワン
渡す	交给/过	jiāogěi/guò	ジィアオゲイ/グゥオ
割り勘方式	AA制	AAzhì	エーエーヂィー
割引き	折扣	zhékòu	ヂャアコォウ

ビジネスでそのまま使える四字フレーズ/ことわざ150　四字短语

中国語	ピンイン	読み	意味
照常营业	zhàochángyíngyè	チャオチャンインイエ	平常営業
美味可口	měiwèikěkǒu	メイウェイクゥコウ	おいしくて口に合う
公司报销	gōngsībàoxiāo	ゴンスゥーバオシャオ	会社の経費で落とす
分文不取	fēnwénbùqǔ	フェンウェンブゥチュー	一文もとらない
没事找事	méishìzhǎoshì	メイシイヂャオシイ	余計な真似をして手を焼く
大吃一惊	dàchīyījīng	ダーチーイージン	びっくり仰天する
讨价还价	tǎojiàhuánjià	タオジィアホワンジィア	駆け引きをする
毫不让步	háobúràngbù	ハオブゥランブゥ	全く譲らない
互相让步	hùxiāngràngbù	フゥーシャンランブゥ	互いに譲り合う
言而有信	yán'éryǒuxìn	イエンアールヨウシン	約束を守る
下不为例	xiàbùwéilì	シィアブゥウェイリィ	以後はこれを例とせず、今回のみ
说实在的	shuōshízàide	ショオウシ・イヅァイダ	正直に言う
临机应变	línjīyìngbiàn	リンジイインピエン	臨機応変
不可交代	bùkějiāodài	ブゥクゥジィアオダイ	申し開きができない
走投无路	zǒutóuwúlù	ゾォウトォウウールウ	行き詰る、万策尽きる
出乎意料	chūhūyìliào	チュホゥーイーリャオ	予想外である
有备无患	yǒubèiwúhuàn	ヨウベイウーホワァン	備えあれば憂いなし
理所当然	lǐsuǒdāngrán	リイスゥオダンラン	理論上当然である
有所不同	yǒusuǒbùtóng	ヨウスゥオブゥトォン	多少違うところがある
美中不足	měizhōngbùzú	メイヂョオンブゥヅゥ	玉にキズ
彼此彼此	bǐcǐbǐcǐ	ビイツゥービイツゥー	お互い様
手下留情	shǒuxiàliúqíng	ショウシィアリュウチン	お手柔らかに
无可奉告	wúkěfènggào	ウクゥフォンガオ	ノーコメント
热烈欢迎	rèlièhuānyíng	ラーリィエホワンイン	熱烈歓迎
无微不至	wúwēibúzhì	ウウェイブゥディー	至れり尽くせり
不辞而别	bùcí'érbié	ブツゥーアールビィエ	あいさつなしで別れる
久闻大名	jiǔwéndàmíng	ジィウウェンダーミン	おうわさはかねがね
养精蓄锐	yǎngjīngxùruì	ヤンジンシュールゥイ	精を養い、鋭を蓄える
不讲客套	bùjiǎngkètào	ブゥジィアンクゥタオ	他人行儀は抜きにする
小心扒手	xiǎoxīnpáshǒu	シャオシンパーショウ	スリにご用心
注意安全	zhùyì'ānquán	チュウイーアンチュエン	安全注意
买一送一	mǎiyīsòngyī	マイイーソンイー	一つ買うと一つサービス
秋高气爽	qiūgāoqìshuǎng	チュウガオチーシュアン	天高く馬肥ゆる秋
百忙之中	bǎimángzhīzhōng	バイマンヂィーヂョオン	ご多忙の中
传统风味	chuántǒngfēngwèi	チュアントォンフォンウェイ	伝統の味
地方风味	dìfāngfēngwèi	ディーファンフォンウェイ	地方名物料理
酒不离口	jiǔbùlíkǒu	ジィウブゥリイコォウ	酒を手放せない
烟不离手	yānbùlíshǒu	イエンブゥリイショウ	タバコを手放せない
工作顺利	gōngzuòshùnlì	ゴンヅゥオシュンリー	仕事が順調である
万事如意	wànshìrúyì	ワンシールゥイー	万事が思い通り
生意兴隆	shēngyìxīnglóng	シェニィーシンロン	商売繁盛
名胜古迹	míngshènggǔjì	ミンシェングゥジイ	名所旧跡
世界闻名	shìjièwénmíng	シイジィエウェンミン	世界的に有名
充满信心	chōngmǎnxìnxīn	チョオンマンシンシン	自信に満ち溢れる
随时随地	suíshísuídì	スゥイシイスゥイディー	いつでもどこでも
难舍难分	nánshěnánfēn	ナンシャナンフェン	離れがたい
问大家好	wèndàjiāhǎo	ウェンダージィアハオ	皆さんによろしく
首屈一指	shǒuqūyīzhǐ	ショウチューイーヂィー	ナンバーワン
全心全意	quánxīnquányì	チュエンシンチュエンイー	誠心誠意
引人注目	yǐnrénzhùmù	インレンヂュムゥ	人の注目を集める
终生不忘	zhōngshēngbúwàng	ヂョオンシェンブゥワン	一生忘れられない
旧地重逢	jiùdìchóngféng	ジィウディーチョオンフォン	旧地で再びめぐり合う
提供方便	tígòngfāngbiàn	ティーゴンファンピエン	便宜を図る
谢绝参观	xièjuécānguān	シィエジュエツァングアン	見学お断り
亲眼目睹	qīnyǎnmùdǔ	チンイエンムゥドゥ	直接目撃する
等待时机	děngdàishíjī	ドォンダイシイジイ	時機を待つ
回答提问	huídátíwèn	ホゥイダーティウェン	質問に答える
拿定主意	nádìngzhǔyi	ナーディンヂュイー	考えを決める
一言为定	yīyánwéidìng	イーイエンウェイディン	一言で決める
过期作废	guòqīzuòfèi	グォオチーヅゥオフェイ	期限切れで無効

以血洗血 **yǐxuèxǐxuè**	イーシュエシーシュエ	血で血を洗う、殺戮には殺戮で報いる
关键人物 **guānjiànrénwù**	グアンジィエンレンウー	キーパーソン
此话当真？ **cǐhuàdàngzhēn**	ツゥーホワァダンチェン	マジで?本当に?
安静一点！ **ānjìngyīdiǎn**	アンジンイーディエン	静かにして!
可想而知 **kěxiǎng'érzhī**	クゥシャンアールヂィー	そうでしょうね!
勿失良机！ **wùshīliángjī**	ウーシイリャンジイ	今しかないよ!
正是时候！ **zhèngshìshíhòu**	ヂェンシイシイホォウ	グッドタイミング!
凭良心说 **píngliángxīnshuō**	ピンリャンシンショオウ	良心に従って
原来如此 **yuánláirúcǐ**	ユエンライルウツゥ	なるほどね
看缘分吧！ **kànyuánfènba**	カンユエンフェンバ	縁があれば!
马马虎虎 **mǎmǎhūhū**	マーマーフウフウ	まあまあ、いいかげん
算你好运 **suànnǐhǎoyùn**	スアンニイハオユン	運がいいね!
你出卖我！ **nǐchūmàiwǒ**	ニイチュマイウォ	裏切ったな!
祝你好运 **zhùnǐhǎoyùn**	ヂュニイハオユン	幸運を祈ります
真有眼光 **zhēnyǒuyǎnguāng**	ヂェンヨウイエングアン	お目が高い
求之不得！ **qiúzhībùdé**	チュウヂィーブゥダァ	願ってもない!
岂有此理 **qǐyǒucǐlǐ**	チーヨウツゥーリイ	もってのほかだ、けしからん
忘恩负义！ **wàng'ēnfùyì**	ワンエンフウイー	恩知らず
不知羞耻 **bùzhīxiūchǐ**	ブゥヂィーシュウイー	恥知らず
自作多情 **zìzuòduōqíng**	ヅゥーヅゥオドゥオチン	一方的に思いをよせる
见钱眼开 **jiànqiányǎnkāi**	ジィエンチエンイアンカイ	お金をみて気が変わる
自作自受 **zìzuòzìshòu**	ヅゥーヅゥオヅゥーショウ	自業自得
听天由命 **tīngtiānyóumìng**	ティンティエンヨウミン	成り行きに任せる
自找麻烦 **zìzhǎomáfán**	ヅゥーヂャオマーファン	自分で自分の首をしめる
我的天呀！ **wǒdetiānya**	ウォダティエンナ	オーマイゴッド
此路不通 **cǐlùbùtōng**	ツゥールウブウトォン	袋小路
花花公子 **huāhuāgōngzǐ**	ホワァホワァゴンヅゥ	プレイボーイ
吃软饭的 **chīruǎnfànde**	チールアンファンダ	ヒモ
个人隐私 **gèrényǐnsī**	グゥレンインスゥー	プライバシー
没头没脑 **méitóuméinǎo**	メイトォウメイナオ	やぶからぼうである
申奥成功 **shēn'àochénggōng**	シェンアオチェンゴン	五輪誘致成功
有帮夫运 **yǒubāngfūyùn**	ヨウバンフウユン	あげマン
无地自容 **wúdìzìróng**	ウーディーヅゥーロン	穴があったら入りたい
无精打采 **wújīngdǎcǎi**	ウージンダーツァイ	意気消沈する
上天下地 **shàngtiānxiàdì**	シャンティエンシィアディ	天地雲泥の差
难分上下 **nánfēnshàngxià**	ナンフェンシャンシィア	似たりよったり
上不了台 **shàngbùliǎotái**	シャンブゥリャオタイ	人前に出る資格はない
没见天日 **méijiàntiānrì**	メイジィエンティエンリイ	日の目をみない
大吃大喝 **dàchīdàhē**	ダーチーダーホゥー	大盤ぶるまい
互相帮助 **hùxiāngbāngzhù**	フウシャンバンヂュ	互いに助け合う
顺水人情 **shùnshuǐrénqíng**	シュンシュエイレンチン	お安い御用
入乡随俗 **rùxiāngsuísú**	ルウシャンシュエイスゥー	郷に入りては郷に従え
说地谈天 **shuōdìtántiān**	ショオウディータンティエン	弁舌がたくみである
说老实话 **shuōlǎoshíhuà**	ショオウラオシイホワァ	正直に言う
说天说地 **shuōtiānshuōdì**	ショオウティエンショウディー	大言壮語する
说一是一 **shuōyīshìyī**	ショオウイーシイイー	何でも言うとおりにする
不懂人情 **bùdǒngrénqíng**	ブゥドォンレンチン	人情をわきまえない
不甘落后 **bùgānluòhòu**	ブゥガンルゥオホウ	負けず嫌い
不够朋友 **búgòupéngyǒu**	ブゥゴォウポォンヨウ	友達がいのない!
不进不退 **bújìnbútuì**	ブゥジンブゥトゥイ	煮え切らない
不清不白 **bùqīngbùbái**	ブゥチンブゥバイ	潔白ではない
不怎么样 **bùzěnmeyàng**	ブゥゼンマヤン	どうということはない
不知不觉 **bùzhībùjué**	ブゥヂィーブゥジュエ	知らず知らずに
不自量力 **búzìliànglì**	ブゥヅゥリャンリイ	身の程知らず
手足无措 **shǒuzúwúcuò**	ショウヅゥウーツゥオ	手も足も出ない
以毒攻毒 **yǐdúgōngdú**	イードゥゴンドゥ	毒を持って毒を制す
雪上加霜 **xuěshàngjiāshuāng**	シュエシャンジィアシュアン	泣きっ面に蜂
原形毕露 **yuánxíngbìlù**	ユエンシンビィルウ	化けの皮がはがれる
华而不实 **huá'érbùshí**	ホワァアールブゥシイ	見掛け倒し
出卖灵魂 **chūmàilínghún**	チュマイリンホゥン	良心を売る

四字フレーズ

没有过不去的河 **méiyǒuguòbúqùdehé**	メイヨウグゥオブゥチュダホゥ	成せばなる
没有卖后悔药儿的 **méiyǒumàihòuhuǐyàorde**	メイヨウマイホウホイヤオーアダ	後悔先に立たず
言必信，行必果 **yánbìxìn,xíngbìguǒ**	イエンビィシエン、シンビィグゥオ	言葉は誠実、行動は果断である
下坡容易，上坡难 **xiàpōróngyì,shàngpōnán**	シィアポーロンイー、シャンポーナン	堕落は容易いが向上は難しい
说曹操，曹操就到 **shuōcáocāo,cáocāojiùdào**	ショオウツァオツァオ、ツァオツァオジィウダオ	うわさをすれば影
说一套做一套 **shuōyītàozuòyītào**	ショオウイータオ、ツゥオイータオ	言うこととすることは別
不到长城非好汉 **búdàochángchéngfēihǎohàn**	ブゥダオチャンチェンフェイハオハン	万里の長城に行かねば好漢にあらず
不到黄河心不死 **búdàohuánghéxīnbùsǐ**	ブゥダオホワァンホゥーシンブゥスゥー	土壇場に行かねばあきらめがつかぬ
天下无难事，只怕有心人 **tiānxiàwúnánshì,zhǐpàyǒuxīnrén**	ティエンシィアウーナンシイ、ヂィーパーヨウシンレン	その気にさえなれば、世の中難しいことはない
人不犯我，我不犯人 **rénbúfànwǒ,wǒbúfànrén**	レンブゥファンウォ、ウォブゥファンレン	相手が何もしなきゃ、こちらも何もしないさ
人不可一日无业 **rénbùkěyīrìwúyè**	レンブゥクゥイーリィーウーイエ	人は1日たりとて仕事をせずに遊んでいてはいけない
人得其位，位得其人 **réndéqíwèi,wèidéqírén**	レンダチーウェイ、ウェイダチーレン	適材適所
人老心不老 **rénlǎoxīnbùlǎo**	レンラオシンブゥラオ	年はとっても気は若い
人穷志不短 **rénqióngzhìbùduǎn**	レンチョオンヂィーブゥドゥアン	武士は食わねど高ようじ
人生如寄 **rénshēngrújì**	レンシェンルゥジイ	人生は旅に身を寄せているようなもの
天不响，地不应 **tiānbùxiǎng,dìbúyìng**	ティエンブゥシャン、ディーブゥイン	とりつくしまがない
天上有路，无人走 **tiānshàngyǒulù,wúrénzǒu**	ティエンシャンヨウルウ、ウゥーレンヅォウ	宝のもちぐされ
不是你死，就是我亡 **búshìnǐsǐ,jiùshìwǒwáng**	ブゥシイニイスゥー、ジィウシイウォワン	倒すか倒されるかだ
什么风把你吹来啦 **shénmefēngbǎnǐchuīláila**	シェンマフォンバーニイチュウイライラ	どういう風の吹き回し?
早知如此，何必当初 **zǎozhīrúcǐ,hébìdāngchū**	ザオヂィールウツゥー、フゥービイダンチュ	そうと知っていてどうしてまた?
睁一只眼，闭一只眼 **zhēngyīzhīyǎn,bìyīzhīyǎn**	ヂャンイーヂィーイエン、ビーイーヂィーイエン	見てみぬふり
多一事不如少一事 **duōyīshìbùrúshǎoyīshì**	ドゥオイーシイブゥルウシャオイーシイ	余計なことはしないほうがいい
别人是别人，你是你 **biérénshìbiérén,nǐshìnǐ**	ビィエレンシイビィエレン、ニイシイニイ	人は人、自分は自分
我替你讨回公道 **wǒtìnǐtǎohuígōngdào**	ウォティーニイタオホイゴンダオ	私が仇をうってあげる
我上辈子欠你的 **wǒshàngbèiziqiànnǐde**	ウォシャンベイヅゥチエンニイダ	前世で借りがある
我自己能对付的 **wǒzìjǐnéngduìfùde**	ウォヅゥージイナンドゥイフゥダ	自分で何とかする
既来之，则安之 **jìláizhī,zé'ānzhī**	ジイライヂィー、ザァアンヂィー	案ずるより産むが易し
人算不如天算 **rénsuànbùrútiānsuàn**	レンスアンブゥルウティエンスアン	世の中そんなに甘くない
一切都是天意 **yīqièdōushìtiānyì**	イーチィエドォウシイティエンイー	全ては神様の言うとおり
走一步，算一步 **zǒuyībù,suànyībù**	ヅォウイーブゥ、スアンイーブゥ	でたとこ勝負
英雄难过美人关 **yīngxióngnánguòměirénguān**	インショオンナングゥオメイレングァン	英雄も美人にかかってはからきしダメ

重量

トン	吨 dūn	ドゥン
キログラム	公斤 gōngjīn	ゴォンジィン
グラム	克 kè	クゥ
ミリグラム	毫克 háokè	ハオクゥ
ポンド	磅 bàng	バン
オンス	盎司 àngsī	アンスゥー

容積

体積	体积 tǐjī	ティジィ
キロリットル	千升 qiānshēng	チエンシェン
リットル	公升 gōngshēng	ゴォンシェン
デシリットル	分升 fēnshēng	フェンシェン
ミリリットル	毫升 háoshēng	ハオシェン
立方メートル	立方米 lìfāngmǐ	リィファンミィ
立方センチメートル	立方厘米 lìfānglímǐ	リィファンリィミィ
立方ミリメートル	立方毫米 lìfānghàomǐ	リィファンハオミィ
ガロン	加仑 jiālún	ジィアルン
バーレル	桶 tǒng	トォン

長さ

キロメートル	公里 gōnglǐ	ゴォンリィ
メートル	米 mǐ	ミィ
センチメートル	厘米 límǐ	リィミィ
ミリメートル	毫米 háomǐ	ハオミィ
マイル	英里 yīnglǐ	インリィ
海里	海里 hǎilǐ	ハイリィ
ヤード	码 mǎ	マァ
フィート	英尺 yīngchǐ	インチィ
インチ	英寸 yīngcùn	インツゥン

面積

平方キロメートル	平方公里 píngfānggōnglǐ	ピンファンゴォンリィ
平方メートル	平方米 píngfāngmǐ	ピンファンミィ
平方センチメートル	平方厘米 píngfānglímǐ	ピンファンリィミィ
ヘクタール	公顷 gōngqǐng	ゴォンチィン
アール	公亩 gōngmǔ	ゴォンムゥ
エーカー	英亩 yīngmǔ	インムゥ
ムー	亩 mǔ	ムゥ

周波数

キロヘルツ	千赫 qiānhè	チエンホゥ
ヘルツ	赫兹 hèzī	ホゥヅィー

電気

キロワット	千瓦 qiānwǎ	チエンワァ
ワット	瓦 wǎ	ワァ
アンペア	安培 ānpéi	アンペイ
ミリアンペア	毫安 háo'ān	ハオアン
キロボルト	千伏 qiānfú	チエンフゥ
ボルト	伏特 fútè	フゥトゥ
オーム	欧姆 ōumǔ	オウムゥ

圧力

パスカル	帕 pà	パー
ヘクトパスカル	百帕 bǎipà	バイパー
バール	巴 bā	バー
ミリバール	毫巴 háobā	ハオバー

その他

カロリー	卡 kǎ	カァ
デシベル	分贝 fēnbèi	フェンベイ

あとがき

幼い頃より私にとって中国は、アメリカやヨーロッパよりもよっぽど身近な国であった。というのも私の父が大の中国好きで、それこそ物心つかない私たち(私や弟)を家に置いて、何度も訪中していた。書家である父は、文化交流という名のもとに訪中を重ねていたわけだが、当時は父が何のために中国に行っていたのか知る由もなく、ただ帰国したとき、父の持ち物や洋服から「ぷわっ」となんともいえない異様なにおいがたちこめ、しばらく家の中をそのにおいで充満させていたことだけが記憶に残っていた。その頃、中国はまさに「父の国」で、私の眼中にはまったく入っていなかったのである。

そもそも中国語を勉強しようという気持ちは全然なく、進路を決める際にも別にやりたいことがあったのだが、父が「これからは中国の時代がくる。中国語を勉強して、手に職をつければ、女性だとて独立して生活していけるだろう。どうだ？」と何気なく言った。そう何気なく言われたそのひと言に「人と同じことをしていては面白くない。英語よりも中国語だ。なんといっても世界で４人に１人は中国語を話すといわれるぐらいだもの。話せたらきっと楽しい」と思ってしまったわけだ。

その後はもう「中国街道」まっしぐらである。中国にどっぷり浸かるまでにそう時間はかからなかった。たったひとりで誰も知らない異国によくぞ行ったと我ながら思うが、当時はそれほど大胆なことをしているという意識はなかった。意思疎通もろくにできず、言葉が通じない状況でひとり、上海から南京へ列車で向かった。たしかに当時から、待合室であまりに眠くて荷物を抱えながらグウグウ寝てしまえる肝っ玉の持ち主だった。そして留学生活を経て中国大陸で生活するようになり、初めて「素」の中国人に出会った。「モノがない」と言われて、まさに話に聞いていたサービスの悪さだと感激するほどの若さがあった。かれこれ10数年前の話になる。今では帰国すると、スーツケースや洋服からにおいを充満させ、姪や甥に「先にお風呂！」と言われ、当時の父と同じ処遇を受けているのが私である。「日本人なんだからね」と姪に釘をさされるのだが、どうやら、子供の目からみても、私の行動は「中国人」に近いらしい。はて？　どこがどうなのかは本人には理解不能だが。

「なぜ中国語を？」と聞かれ、この話をすると「お父様は先見の明があったのですね」とよく言われる。今、時代は中国であり、私も中国語ができるということで少なからず恩恵を受けているし、本書の執筆というご縁もあった。たしかに父のアドバイスは的を得てはいるのだが、父の得意気な顔を思い浮かべると、ついつい「最後に決断した私とて、先見の明があったのではないか」と負け惜しみを言いたくなる。

私が訪中するようになると、父は逆に訪中の回数がめっきりと減っていった。何度か一緒に旅行したこともあったのだが、経済発展にともない、父がかつて訪れていた頃の中国の面影が徐々に薄れていき、別の顔をした「中国」が台頭してきたことに父は一抹の寂しさを感じたらしい。70年代の、まさに手つかずで外国人が珍しかった時代から訪中している父にとって、今の中国は「別人」のような感じがするのも至極もっともな話だ。

たしかに私も失われていく伝統や風習、素直な人の心を見ていると、父の気持ちが痛いほどよくわかる。しかしその一方で「これぞまさしく中国」だと思うのだ。当然、私が最初に訪中した頃(10数年前)と現在を比べても、様子がまったく変わっているのだが、この日ごとに変化していく中国が人を引きつけてやまないのだ、と私は思う。私も中国で楽しい思い出ばかりが浮かぶわけでもなく、だまされたことや、怒りに燃えたこと、裏切られたことや利用されたこと…多々頭に浮かんでくるが、それでも「自分に正直である」「ほしいものに対して貪欲である」中国人を憎めない。彼らのあふれる人民パワーや、どこからともなくみなぎる活力はまだまだ私にはない。だからこそ魅力を感じてしまうのかもしれない。

ともあれ、今では中国と日本を２～３年ごとに行き来し、ジプシーのような生活を送っている。そんな娘を嘆きつつも、訪中時にはしっかりと好物の納豆おむすびをにぎってくれる母と、日夜飛び回っている娘を見て、今では私に中国語をすすめてしまったことを深ーく後悔している父を尻目に「ゴーイングマイウェイ」でますます「中国人らしさ」に磨きをかけている私である。

本書を執筆していくなかで、ますます「中国」への熱い思いを認識することができ、もっともっと深く広く中国を知りたくなった。まだまだ学ぶことは多い。経験することもある。

読者の皆さんがこのビジネス会話帳に自分自身の経験を増ページしていっていただけたら幸いである。そしてできることならば、「日本人」の殻を破り、みなさんの「マイウェイ」で、中国を走り続けてほしい。

最後に、このチャンスを与えてくれた情報センター出版局に深く感謝するとともに、今回厳しいスケジュール調整のなか、あせりまくる私にいつもおだやかな、ゆっくりとした口調で「大丈夫ですよ。」と暖かく言ってくださるそのすぐあとに「じゃあ○○時までにお願いします」というひと言を忘れない編集部の新井さん、素敵なイラストでページを飾ってくれた、イラスト同様にかわいらしいおおのさん、ピンイン入力やその他チェックを手伝ってくれた李さん、そして、「中国」という舞台に私を立たせてくれて、いつも前列で応援してくれる両親に、この場を借りて、心より御礼を申し上げたい。
非常感謝！

2004年10月
亀田純香

著者◎亀田純香（かめだ・すみか）
現在、大手タイヤメーカーのプロジェクトコーディネーターとして、中国全土を飛び回る多忙な中国的ビジネスウーマン。もともとは父親の「これから中国の時代が来る」という先見の明（？）に触発され、神田外語大学中国語学科を卒業後、南京大学に留学。その後、桂林の高級ホテルに営業職として3年間勤務し、日本人ツアー客大幅増という「結果」を残した。その他にも現地法人立ち上げの通訳兼アテンダント、技術系専門分野における翻訳など、様々な仕事を通して中国にどっぷり浸かってきた彼女の目下の悩みは「中国人と間違われること」。「潔いほど己の利益を保守する」国民性のなかで働くためには、まずは相手の懐に飛び込むのがポリシー。中国ビジネスではもっとも大切なそのコツを伝えるべく、本書の言葉、フレーズはセレクトされている。1971年千葉県生まれ。

著者メールアドレス
wudangpai04@yahoo.co.jp

イラスト　おおのきよみ
http://www.asiancafe.org/

ブックデザイン　佐伯通昭
http://www.knickknack.jp

企画協力　(株)EJカナダカレッジ
http://www.ejcanadacollege.com

ネイティブチェック ピンイン入力　李怡

DTP協力　細川生朗

Special Thanks to
高野徹
吉葉大樹
関光徳
亀田家の人々

ビジネス指さし会話帳①中国語
2004年　11月 13日　第1刷
2007年　3月 22日　第5刷

著者
亀田純香

発行者
関　裕志

発行所
株式会社情報センター出版局

〒160-0004 東京都新宿区四谷2-1 四谷ビル
電話03-3358-0231
振替00140-4-46236　URL:http://www.4jc.co.jp
http://www.yubisashi.com

印刷
萩原印刷株式会社

ISBN978-4-7958-2813-1
落丁本・乱丁本はお取替えいたします。